致敬所有让真相大白于天下的勇气与智慧！

李昌钰探案之
重案档案

谁是真正的凶手

蒋霞萍　[美] 李昌钰　刘焱　著

Famous Cases Revisited
Who Is the
Real Murderer

中国政法大学出版社

2025·北京

图书在版编目（CIP）数据

李昌钰探案之重案档案. 谁是真正的凶手 / 蒋霞萍，（美）李昌钰，刘焱著. -- 北京：中国政法大学出版社，2025.9. -- ISBN 978-7-5764-2132-3

Ⅰ. D971.24

中国国家版本馆 CIP 数据核字第 202560SX52 号

书　名	李昌钰探案之重案档案·谁是真正的凶手 LICHANGYU TANAN ZHI ZHONGAN DANGAN·SHUI SHI ZHENZHENG DE XIONGSHOU
出版者	中国政法大学出版社
地　址	北京市海淀区西土城路 25 号
邮　箱	bianjishi07public@163.com
网　址	http://www.cuplpress.com (网络实名：中国政法大学出版社)
电　话	010-58908466(第七编辑部) 010-58908334(邮购部)
承　印	北京中科印刷有限公司
开　本	880mm×1230mm　1/32
印　张	7.25
字　数	120 千字
版　次	2025 年 9 月第 1 版
印　次	2025 年 9 月第 1 次印刷
定　价	58.00 元

在过去的 65 年，我一直从事警政、物证鉴定和大学教学工作。我在 18 岁时进入中国台湾地区警官大学就读，毕业后在台北警察局工作，当时案件侦破常常用刑讯逼供、人犯自白、线民、污点证人等传统方法。当时我就想，为什么我们不能用更科学的方法来处理呢？我希望我能终身从事科学鉴定的研究与实务工作。

1965 年我到美国深造，发现美国的侦破方法也一样，刑讯、自白、收买情报……于是我改读生物化学专业，希望将生物科技方法运用到刑侦工作中。50 多年来，我与同行科学家每天花大量

---

[1] 为使行文方便准确，文中出现的人员姓名，重要人物在人物介绍部分注明姓名中、英文，于正文中出现的重要人物则选用中文译名，次要人物则依据情况在括号中标明人物的原名或译名。

时间在现场、实验室、研究中心工作，经过努力终于实现了梦想，使 Forensic Science（法庭科学，又称司法科学、鉴识科学）真正成为一门学科。我也参与了 8000 多起案件的调查，与 48 个国家及地区的刑侦人员、物证专家，运用科技侦破了许多重大案件。在美国，人们常说，破不了的案子找 Dr.Lee 就对了，很多小朋友的志愿都提到："我长大后要像 Dr.Lee 一样。"

至今，我已获得 800 多个荣誉奖项，人们推崇我为"当代福尔摩斯""现场重建之王""科学神探"等，又有媒体说我是世界上最受欢迎的华人之一。其实我和大家一样，都是平凡的人，我只是将所有的精力都用在了工作上，才使"不可能成为可能"。

社会在进步，法庭科学与其他学科一样在迅速发展，现在法庭科学已经包含了 30 多种专长的类别：遗传学、人类学、牙医学、心理学……分工也越来越专业，指纹分析、文书鉴定、枪弹枪支、血迹血型、微物纤维、毛发皮肤、声纹绘图等各类专长。

多年来，我与朋友合作完成了 40 多本刑事科学方面的专业书籍，发表了 300 多篇论文，许多案件被拍成影视节目，有一些出庭证词被列为国际刑事科学领域、警界的经典教案。一些作品被翻译出版，但其中有一些翻译错误，特别是专业名词或俚语等，与原文意思相差很大。此次很高兴应中国政法大学出版社邀请，我的夫人蒋霞萍女士与我，以及刘焱先生合作，选择了最具历史价值的事件重新整理，推出《谁策划了这场阴谋》《谁是真正的凶手》两部作品。《谁策划了这场阴谋》挑选的三起案件，属于世纪名案，案件的发生曾影响了相关时局的变化，比如肯尼迪总统遇刺案。几十年后重新回顾这起案件，意义更显重大。《谁是真正的凶手》所选的三起案件也十分重要，比如O.J.辛普森杀妻案，对案件发生时的美国司法制度、社会民心以及司法公正有着极大的影响。

希望大家能从本书中看到让证据说话的重要性。

借此机会，我要感谢我的鉴识工作团队，感谢曾与我共同在刑案现场、实验室工作的伙伴，感谢目前还在美国及世界各国警界的朋友，感谢中国政法大学出版社的编辑，以及所有亲戚朋友多年的关心与支持，没有你们就没有我的成功。

最后我要真诚地感谢我的夫人蒋霞萍女士，她的写作才能和策划能力使我的故事具有了完整性和可读性；感谢刘焱先生的辛苦付出与精诚合作，使创作工作能顺利完成。

李昌钰

写在前面的话

目录

谁杀了辛普森前妻

谁杀了辛普森前妻 [1]

案发时间
1994 年 6 月 12 日

案发地点
美国洛杉矶布伦特伍德南邦迪大道
（South Bundy Drive）875 号

人物

奥瑞泽·詹姆斯·辛普森
（Orenthal James Simpson）
即 O.J. 辛普森，非裔美国著名前橄榄球
运动员，广告、影视剧明星

杰森·辛普森
（Jason Simpson）
O.J. 辛普森的儿子，布伦特伍德（Bren-
twood）一家意大利餐馆的二厨

妮可·布朗
（Nicole Brown）
辛普森前妻，死者

罗纳德·莱尔·戈德曼
（Ronald Lyle Goldman）
即罗恩·戈德曼（Ron Goldm-

an），布伦特伍德当地另一家餐厅
的服务员，死者

舒克鲁·博兹泰佩
（Sukru Boztepe）
证人

贝蒂娜·拉斯马森
（Bettina Rasmussen）
证人。舒克鲁·博兹泰佩的妻子

史蒂文·施瓦布
（Steven Schwab）
证人

---

[1] 本案所涉及的参与庭审阶段的部分人物于后文中列明。

琳达
（Linda）
证人。史蒂文·施瓦布的妻子

埃尔茜·提斯塔尔特
（Elsie Tistaert）
证人

罗伯特·里斯克
（Robert Riske）
率先抵达现场的洛杉矶警察局巡逻警察

马蒂·库恩
（Marty Coon）
中士，警长

大卫·罗西
（David Rossi）
中士，西洛杉矶警署轮值班领导

康斯坦斯·戴尔
（Constance Dial）
上尉

罗恩·菲利普斯
（Ron Phillips）
西洛杉矶警署"抢劫与凶杀案"组侦查部
负责人

马克·富尔曼
（Mark Fuhrman）
洛杉矶警察局的侦探

布拉德·罗伯茨
（Brad Roberts）
马克·富尔曼的搭档

基思·布希
（Keith Bushey）
洛杉矶警察局高级指挥官

菲利普·瓦纳特
（Philip Vannatter）
洛杉矶警察局"抢劫与凶杀案"
组资深警员侦探

汤姆·兰格
（Tom Lange）
洛杉矶警察局"抢劫与凶杀案"
组警员，菲利普·瓦纳特的搭档，
后加入控方团队 [1]

唐纳德·汤普森
（Donald Thompson）
洛杉矶警察局制服警察

---

[1] 兰格擅于侦破和处理涉及名人的多重谋杀案，他曾参与 1969 年查理·曼森案和 1981 年"仙境谋杀案"的审理。

在李昌钰博士参与物证鉴定的众多案件中，O.J. 辛普森案无疑是最复杂、最曲折的一例。从 1995 年 1 月 24 日加利福尼亚最高法院正式审理开始，到 1995 年 10 月 3 日宣布判决，这场审判持续了大约 9 个月之久，控辩双方主要参与人数多达数十人，洛杉矶警方为此耗费了 1900 万美元。庭审期间，共传唤了 126 名证人，提出了 857 份证据，庭审记录多达 5 万页，堪称美国司法史上极为罕见的案件。然而，案件的最终裁决似乎并未体现将真正的罪犯绳之以法的目的，而是在围绕嫌疑人是否为真凶的问题上，展开了一场漫长的较量，控辩双方通过现场搜查、物证检测、证人证言、专家证词等手段进行博弈，充分激起了美国社会关于明星效应、种族歧视、社会舆论能否以及如何被利用、警察形象，以及法庭辩

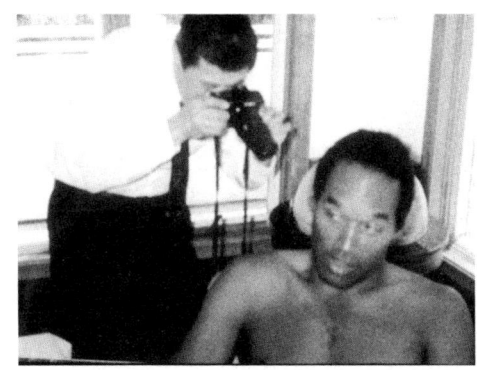

李昌钰博士在给 O.J. 辛普森做伤痕拍摄

论等问题的讨论。这一漫长的审判与期间的变动所带来的全民讨论热度，与美国法律遵从的英美法系陪审团等制度息息相关。

在美国，法官在审理案件时主要扮演公诉方与辩护方之间的裁决者角色，而最终判定被告是否有罪，则取决于陪审团的裁决结果。在法庭辩论过程中，控辩双方向陪审团展示的证据至关重要。与此同时，双方所聘请的专家证人的专业水平和社会公信力，对于其检验结果能否被陪审团接受也起着关键作用。更重要的是，控方团队的检察官和辩方团队的律师，如同舞台剧的指挥者。他们需要决定选择什么样的专家证人，如何运用所掌握的证据，如何呈现这些证据，以及如何对对方证人进行盘问，这些"指挥"技巧对案件结果起着决定性作用。

这一切，在 O.J. 辛普森案件上表现得尤为明显。

随着 O.J. 辛普森于 2024 年离世，他是否是真凶以及他是否知晓真凶的案件真相也随之被带入了坟墓。然而，这起案件所揭示的美国司法制度、警察制度、陪审团制度、证人取证制度，以及一个由多元种族构成的国家所面临的种族问题，还有社会舆论对案件裁决的影响，都值得后人深入反思。

我们在此重温 O.J. 辛普森案件，并不旨在改变当年案件的裁决结果，只因该案件对于思考上述问题具有重要意义。或许广大读者会根据自己的理解，推断出真正的凶手。

我们来到这个世界上，最终的追求是和平与美好的生活。为此，我们需要建立健全一套适应社会发展的制度，以维护社会的安定。这套制度应具备预防犯罪的能力，在犯罪行为发生前可将其加以遏制，或在犯罪发生后，能确保真正的罪犯受到法律的制裁，真正做到法网恢恢，疏而不漏。所有的手段和方法都指向一个共同的目标：为大众创造一个真正和平与美好的生活环境。

一、

被取消预订的意大利晚餐

　　美国加利福尼亚州的洛杉矶是一座令人向往的城市：这里气候宜人，拥有蔚蓝的海湾和高大的椰子树。三五成群的游客或悠闲地在沙滩上漫步，欣赏海鸥低飞、盘旋、觅食，或在历史悠久的码头上流连忘返，或在标志性的66号公路终点站牌前驻足，感受"母亲之路"的魅力。洛杉矶还是梦幻影城"好莱坞"的所在地，是无数普通人实现梦想、走向成功的舞台。城市中遍布着数不清的酒吧、咖啡馆、快餐店和夜店。这里的餐饮汇聚了世界各地的美味：意大利餐、墨西哥餐、中餐、法餐、西班牙餐等一应俱全。

　　"嘿，杰尼老朋友，我们《洛杉矶时报》

最资深的餐评作家，你最近可没到我的意大利餐馆来呀？哪里……我从来不敢想我的餐厅和'米其林'沾上边，只是想请你过来尝尝我的新菜。"

"……你真聪明！是的，今天晚上我有重要的客人，哈哈……来了你就知道是谁了。"

布伦特伍德当地一家意大利餐馆的老板今天的心情似乎格外愉悦：一位资深餐饮评论家接受了他的邀请，即将光临这里。对任何一家餐厅而言，这无疑是一件大事。

老板满怀期待地点燃了一支雪茄，但刚吸了一口便迅速放下，重新拿起了电话："喂，老朋友，你好！没错，当然是我……你不是总抱怨我没有给你提供报道大明星新闻的机会吗？今天晚上，如果你有时间来我的意大利餐馆坐坐，对你的报社来说或许会是一篇绝佳的报道。绝对是重量级明星。体育、广告、影视界还有谁比他更出名？……我可没告诉你他的名字哦，是你自己猜到的……是全美跑得最快的那个人，你记性真好，还记得他的成绩……不是和女朋友来用餐，是和前妻。是不是谈复合？这我可不清楚。如果你来了，或许有机会当面问问他。哈哈哈……我会为你留好桌子，记得带上你最好的照相机。"

"……我可不能给你消息来源，那是不对的。你要知道，我的二厨可是他的儿子。

"……对不起，我的另外一部电话响了……晚上见。"

"我的老朋友，请你今天晚上过来，当然有重要的事情要发生……是的……要来我们餐厅……是特别有名，我就知道你有这个想法，一直希望能跟他合作，OK，将来你和他合作成功了，别把我忘了。"

老板终于挂上了电话，他拿起雪茄，又吸了两口，然后心满意足地走出办公室，把整个餐厅环顾了一遍。

这是一家高档的意大利餐厅，室内装修设计十分精致讲究，今天，餐厅更是熠熠生辉：所有桌布和餐具都焕然一新，连餐桌上的鲜花都是刚刚从玫瑰园采摘的。在柔和的灯光下，每处细节都展现着迷人的光彩。老板满意地笑了笑，随后走进厨房，对正在忙碌备餐的厨师们报以微笑。他走到一位健壮的年轻厨师身旁，亲切地拍了拍对方的肩膀，然后转身面向其他厨师，意味深长地说："大家今天辛苦了，晚餐结束后，每个人都将获得奖励。"说完，他带着微笑离开了厨房。

厨师们虽然有些意外，但是也掩饰不住喜悦的心情。他们以前就知道二厨的父亲是著名的橄榄球星，但他从来没有来他们餐馆用过餐。看老板如此重视，今晚的客人是二厨著名的父亲无疑了。

年轻的二厨受到如此瞩目，心中涌起一股暖意，脸上不禁泛起了红晕。的确，今晚他的父亲和继母要来餐馆用餐（尽管他们已经离婚，但这并不重要）。今天恰逢他继母所生的妹妹在学校演出，活动结束后，包括继母的父母在内的所有人都会来到这家餐厅。对于他来说，尽管继母并非亲生母亲，且已与父亲离婚，但他们的到来依然意义非凡。看着餐厅因父亲要来用餐而发生的变化，他内心激动不已，笑容难以抑制地浮现在脸上。他感到这是他一生中最重要的日子之一。想到将来在餐厅里自己定会获得更多关注，他的心情越发愉悦，连手中那把沉重的菜刀也似乎变得轻盈了许多。

然而，餐厅里洋溢的喜悦并未持续太久。不久，老板接了一通电话后，脸色阴沉地走进厨房，宣布所有准备工作立即停止。他特意走到二厨面前，不满地瞪了他一眼。厨房里的其他人见状，纷纷停下了手中的活儿。大家心里都明白，应该是二厨那位明星爸爸取消了晚餐预订。在众人复杂的目光中，年轻的二厨尴尬地愣了片刻，随后怒气冲冲地将手中的刀猛地插在砧板上，愤然冲出了餐厅。

O.J. 辛普森是美国职业橄榄球大联盟（NFL）历史上的顶级跑卫。尽管棒球被视为美国的国球，但大学橄榄球比赛和专业橄榄球比赛才是观众的最爱，这一点从电视收视率中得到了充分证明。在那个时期，尤其是在超级碗期间，如果询问美国的男女老少，几乎无人不晓全国橄榄球联盟的 O.J. 辛普森，他曾创下过一个赛季冲球超过 2000 码的惊人纪录。在对阵纽约喷气机队的比赛中，他以最后一跑实现了这一目标。当时还是大学三年级学生的 O.J. 辛普森，在比赛临近尾声时持球狂奔 64 码，帮助他所在的南加利福尼亚大学队战胜了对手加州大学洛杉矶分校队。这场胜利使南加利福尼亚大学队获得了参加当年在帕萨迪纳举办的玫瑰碗杯赛的资格。尽管加州大学洛杉矶分校队的一名竞争对手赢得了当年的海斯曼奖杯，但 O.J. 辛普森在 1968 年也荣膺这一颁发给最佳大学橄榄球运动员的奖项。

然而，任何一位运动员的运动生涯都是有限的。与许多退役后生活归于平淡的运动员不同，O.J. 辛普森在结束职业橄榄球生涯后依然炙手可热，他作为美国 NBC 广播公司每周全国橄榄球联盟比赛的评论员被数百万电视广告观众所熟知。他以专业、幽默和反应敏捷而受到观众喜欢。此外，由于英文"橙汁"（Orange Juice）一词的缩写恰好与辛普森名字的缩写"O.J."相同，佛罗里达一家饮料公司特意邀请他拍摄了橙汁的促销广告。与此同时，在另一则赫兹（Hertz）租车公司的广告中，他以单赛季冲球超过 2000 码的速度跑过机场，成功租到一辆车而化险为夷。在这则时长一分钟的电视广告中，机场的一位老太太对着 O.J. 辛普森扮演的英雄高喊："快跑，O.J.，快跑！"

观众们对他的这些成就充满敬意。

然而，如果仅凭这些成就，O.J. 辛普森还不足以达到新的高度。后来，他成功转型为电影演员。在 1988 年一部模仿警察风格的电影《裸枪》[1]中，他以自嘲式的幽默表演，将洛杉矶侦探莱斯利·尼尔森恶搞成一个既冷漠又爱装腔作势的人物。

人性中总有一种对英雄的崇拜。在绝大多数人过着平凡生活的背景下，尤其是在美国，无论你从事哪个领域，只要做出了与众不同的成就，就会受到崇拜，至少会获得关注。

作为非裔美国人的 O.J. 辛普森，从体育明星成功转型进入电视广告和电影娱乐的广阔领域，并成功融入美国主流社会，因此成为人们心目中的英雄。美国公众对他的喜爱，很大程度上源于他的这些成就。名誉和声望为 O.J. 辛普森带来了巨额财富，而以他的成就来看，这一切都是理所当然的。

如果 46 岁的 O.J. 辛普森继续沿着人生的道路前行，或许还会创造更多奇迹。然而，人们永远无法预知未来，似乎只是一夜之间，一切都发生了改变。

对 O.J. 辛普森而言，这场改变就发生在他取消预订意大利餐厅晚餐的几小时后。

---

[1] 《裸枪》是一部 1988 年的美国犯罪动作喜剧，原名为 *The Naked Gun:From the Files of Police Squad,* 由大卫·扎克尔（David Zucker）执导，O.J. 辛普森饰演侦探诺德·伯克一角。

（一）血腥的案发现场

在洛杉矶南邦迪大道 875 号的入口处，
一束强烈的手电筒光芒沿着狭窄的人行道
缓缓前行。突然，光束停滞不前，聚焦于
一位浑身血迹、俯卧在通往家门的四级台
阶底部的女性身上。她周围的血泊面积之
大，已超出了她的身体范围，覆盖了整个
公寓入口的水泥瓷砖地面。女子静默无声，
从她趴伏的姿势以及四周的血量判断，她
已不幸离世。光束转移至她的身旁，发现
了一张残缺的餐厅菜单。随后，光束移至
女尸右侧，那里躺着一具男尸，身材健硕、
年轻。他的头部抵在邻近公寓的花圃铁栅
栏上，衬衫被拉至头顶。在男尸旁边，地

案发现场人行道上的血迹

面上散落着一些以黑白为主色调的物品。手电筒的光逐一扫过：一顶黑色针织滑雪帽、一个白色信封、一个黑色寻呼机、撕碎的白纸以及一只左手的黑色皮手套。

手电筒的光束谨慎地穿过人行道左侧的树篱，绕过女尸，最终抵达台阶平台。从高处俯瞰，一条长达 120 英尺的人行道沿着这栋房子的北墙延伸至房子后方的小巷。光束靠近后，发现足迹附近有一串血迹。

人行道上血迹斑斑。

随着手电筒的光束移动，公寓大门被轻轻推开。光束在门口地面的冰激凌杯上稍作停留，随后转向客厅的其他地方。客厅内安静而整洁，没有发现任何打斗或入室盗窃的痕迹。手电筒的光束沿着楼梯缓缓上升，发现起居室里有几支点燃的蜡烛。主卧室的门微开，里面点燃着更多的蜡烛。与主卧相连的浴室中，浴缸里注满了水，水面上漂浮着一片片红色的玫瑰花瓣，在烛光的映照下静静摇曳。另外两间卧室的门也被悄然打开。在手电筒的光束下，床上沉睡的孩子们的面孔显现出来：一个男孩和一个女孩。

以上描述的场景，是 1994 年 6 月 12 日深夜，西洛杉矶警署的罗伯特·里斯克巡警在接到报警后，在布伦特伍德南邦迪大道 875 号所目睹的血腥现场。

他是该案中第一个到达现场的巡警。

洛杉矶警察的工作职责划分极为细致。负责巡逻的警察被称为巡警，身着便衣的警察被称为侦探，而穿制服的警察则被称为制服警察。罗伯特·里斯克是一名巡警，他并不清楚其他巡警的想法，但他绝对不希望在深夜巡逻时遭遇突发事件。然而，命运总是事与愿违，这一天还是发生了。

法医的检查结果显示，男女死者均死于锋利的刀伤。女死者的致命伤位于颈部，那里分布着多条重要的颈动脉。凶器极其锋利，甚至刺穿了她的一节脊椎骨。验尸官的报告指出：女死者的脖颈几乎被砍断，头部已露出脊椎骨。而男死者则身中 28 刀，显然他曾与凶手展开过激烈的搏斗。几处刀伤穿透了他的肺部，刀痕显示，即使在死者挣扎、抗拒或跪地求饶时，凶手仍持续不断地从他的肩部向下劈砍。警方根据死者身上的刀伤推断，凶手使用的是一把刀锋极为锐利、长度约为 15 英寸的利刃，且凶手的臂力相当惊人。男死者最致命的伤口位于侧腹，那是一处极深的刀伤，直接撕裂了他腹部的主动脉。

这无疑是一场惨绝人寰的"屠杀"。

而在这场"屠杀"过程中，两个孩子一直在楼上各自的卧室中沉睡，对楼下发生的惨剧浑然不觉。

（二）称职的罗伯特·里斯克巡警

或许是入职培训时，罗伯特·里斯克就掌握了在富人区处理案件的技巧，又或许是四年的警队生涯让他从搭档那里学到了许多经验。总之，在初步调查中，罗伯特·里斯克展现出了极高的专业素养。他意识到，自己正面对的是一个重大案件现场，这将对布伦特伍德这样的高档社区造成严重冲击。按照标准流程，他下一步应该通过无线电请求支援。然而，当他发现案件可能与体育明星 O.J. 辛普森有关时，他的操作堪称教科书级别的典范。

当时，罗伯特·里斯克一边打开步话机准备呼叫支援，一边用警惕的目光下意识地扫视周围环境。突然，他注意到前厅的桌子上放着一个寄信人为O.J.辛普森的信封。他疑惑地抬起头，环顾四周，惊讶地发现墙上贴着O.J.辛普森的海报。他立刻将目光转向屋内摆放家人照片的位置（美国家庭习惯在显眼处摆放家人照片），那里同样有O.J.辛普森的照片。

"在犯罪现场出现名人形象，会给侦查工作带来负面影响。"O.J.辛普森的照片让罗伯特·里斯克的大脑立刻闪过这个念头，促使他决定改用电话联络。罗伯特·里斯克后来回忆说，由于洛杉矶的媒体经常监听警方电台频道，他这样做是为了避免泄露案发现场的信息。他担心，如果在警方电台频道呼叫支援，报告中提到O.J.辛普森的名字，可能在支援到来之前，记者和摄影师就已经蜂拥而至了。

罗伯特·里斯克首先拨通了顶头上司的电话。在汇报情况并等待队友支援的同时，他立即着手采取保护现场的举措。真希望后续处理案件的每一位警员都能像罗伯特·里斯克这般专业。如果现场警员都能谨慎地处理每一个问题，将为后续案件的侦办省去诸多麻烦。

（三）被惊动的洛杉矶警察系统

大卫·罗西中士是罗伯特·里斯克巡警的上级，也是西洛杉矶警署此次轮值班的负责人。在接到罗伯特·里斯克的汇报后，他立即联系了洛杉矶警察指挥中心。在通话中，他提到了 O.J. 辛普森的名字。不久，警长就带领大批调查人员迅速赶到了南邦迪大道 875 号。第一个到达现场的是马蒂·库恩中士，随后其他制服警察也陆续到位。他们负责维持现场秩序，将围观者隔离在已经设置的黄色警戒线之外。当又有两名警察抵达后，他们唤醒了两个孩子，但未告知其原因。随后，警察们用衣物遮挡孩子们的视线，将他们带离了案发现场，送往西洛杉矶警署大楼。

随着更多警力的到来，部分警察开始用手电筒搜索屋后的小巷，以期发现更多潜在证据。与此同时，其他人则挨家挨户敲门，向受到惊吓的居民询问在过去的几个小时内是否有人听到或看到过任何异常情况。

凌晨 1 点 30 分，大卫·罗西中士与他的上司康斯坦斯·戴尔上尉一同抵达现场，以确认事态是否得到控制。巡警罗伯特·里斯克带领他们查看了案发现场，并汇报了目前已掌握的一些情况。

28 岁的罗恩·菲利普斯是西洛杉矶警署凶杀案侦查部的负责人。大卫·罗西在电话中向他作了简要汇报，内容包括罗伯特·里斯克汇报的情况以及他自己的安排。随后，菲利普斯就向他的部门下属下达了指令，要求他们在凌晨 2 点前赶到西洛杉矶警署，一同前往 875 号现场。然而，罗恩·菲利普斯和下属马克·富尔曼并未等到凌晨 2 点，而是在接到电话后的 10 分钟内就赶到了犯罪现场。巡警罗伯特·里斯克在大门口迎接了他们，并带领他们查看了现场，同时汇报了自己已经完成的工作。罗恩·菲利普斯指定了现场的四名侦探之一——马克·富尔曼负责此案。

或许，这是罗恩·菲利普斯对此案最后悔的决定。

三位侦探决定绕到整栋楼的后面，进入小巷进行查看。他们从前面的台阶进入公寓，但未留意并避开地上大量的血迹。在小巷中，他们遇到了于凌晨 1 点 30 分到达现场的大卫·罗西。大卫·罗西带领他们查看了后门上疑似血迹的痕迹。随后，他们通过后门进入车库，并仔细检查了停放在车库内的两辆车（一辆为吉普）。接着，菲利普斯、富尔曼和罗伯特·里斯克走上几级台阶，进入了住宅。在台阶的扶手上，他们发现了一只残留着、融化了的"本杰里"（Ben & Jerry's）牌冰激凌杯。然而，令人遗憾的是，他们当时既没有拍照，也没有详细记录冰激凌的体积和状态。

三人穿过客厅来到前门入口处，站在台阶上方俯瞰：他们可以清晰地看到台阶下两具满身是血的尸体，而黑色针织滑雪帽、信封和手套则因灌木丛的遮挡而显得模糊不清。随后，他们从对着那条120英尺人行道的边门离开。在人行道上，他们研究了鞋印和血迹。经过后门时，罗伯特·里斯克向另外两位侦探指出了门把上的血迹。

此时，罗恩·菲利普斯和马克·富尔曼暂时分开了一小

案发现场的血迹

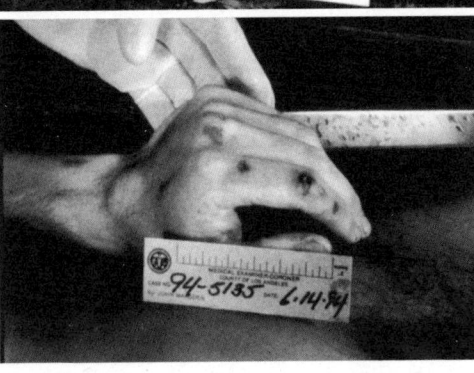

案发现场死者搏斗的手部伤痕

会儿。

此时，菲利普斯接到了来自洛杉矶警察局高级指挥官基思·布希的电话。基思·布希指示：由于案情重大，本案将由更擅长处理重大案件的"抢劫与凶杀案组"接管，西洛杉矶警署将正式退出此案的调查。

与此同时，马克·富尔曼侦探正坐在公寓起居室的长沙发上，对案发现场的所见所闻进行初步记录。这是标准的警务程序，最初的犯罪现场证据记录对后续调查至关重要。警察在犯罪现场最初注意到和感知到的细节，如日期、相关人员姓名、房间温度、气味以及其他容易遗失的证据信息，都应被准确记录。马克·富尔曼在记录中提到"可能是枪弹伤"，这表明被害人可能遭受了枪击。然而，富尔曼的记录存在明显疏漏：首先，他不应坐在公寓的长沙发上；其次，他对现场的冰激凌、鞋印以及尸体的具体状况只字未提。

但这一切似乎已不再重要，因为不到一小时后，马克·富尔曼就不再是本案的侦查负责人。

在被解除负责本案主要侦查责任后，马克·富尔曼和罗恩·菲利普斯的主要任务转变为等待"抢劫与凶杀案组"侦探的到来。罗恩·菲利普斯不得不将"通知被害人家属"的

事项暂时搁置，而马克·富尔曼则忙于指挥已抵达犯罪现场的警方照相人员拍摄现场照片。

（四）侦探与重大案发现场

一个半小时后，即凌晨 4 点，菲利普·瓦纳特侦探和他的搭档汤姆·兰格抵达布伦特伍德南邦迪大道 875 号。菲利普·瓦纳特在警界服务了 25 年，其中 15 年担任侦探，是"抢劫与凶杀案组"的资深警官。他在凌晨 4 点被召唤到场，预示着这是一起重大案件。

事实证明，布伦特伍德南邦迪大道 875 号正是美国著名橄榄球明星 O.J. 辛普森第二任妻子妮可·布朗的住所。受害者正是辛普森的前妻妮可·布朗，以及一位餐厅服务员：罗纳德·莱尔·戈德曼。

案件发生在 1994 年 6 月 12 日深夜，而此时已经是 1994 年 6 月 13 日凌晨了。

随着黎明的到来，现场的所有人越发紧张忙碌起来。因为这个特大案发现场将很快被记者、摄影师和电视台的报道团队围得水泄不通，这里无疑已成为全美新闻舆论的焦点。

"当罗伯特·夏皮罗律师于 6 月 15 日（周三）给我打电话时，我正在康涅狄格州警察法庭科学实验室办公室参加一个特别工作会议。不久后，大家意识到，我是为数不多的对 O.J. 辛普森一无所知的美国公民之一。这并不令人意外——1965 年，我从马来西亚来到美国纽约，和那个年代许多初到美国打拼的人一样，我一边求学，一边打三份工以维持生计。既没有闲钱，也没有闲暇去关注体育活动。实际上，我甚至没有电视机，因此在我的英语词汇表中，根本找不到'橄榄球'和'O.J. 辛普森'这样的词。然而，对我来说，无论是达官贵人还是普通百姓，每个人的生命都同样值得尊重。罗伯特·夏皮罗律师邀请我到现场，只是为了对物证进行鉴定工作。"

——《李昌钰工作记录》

这是作为O.J.辛普森案件物证鉴识专家的李昌钰博士，几十年来演讲O.J.辛普森案件时必说的一段话。1994年，李昌钰博士的身份是康涅狄格州警察局实验室主任。

迫于无奈，罗伯特·夏皮罗律师只得向李昌钰解释O.J.辛普森的身份，以及他已故第二任妻子的身份，并详细说明了这起谋杀案的前因后果。

当然，罗伯特·夏皮罗律师没有时间详述12日那天他们为何预订了意大利餐厅又取消，以及案件发生以来，特别是13日凌晨4点之后所发生的一切。

（一）案发前的妮可·布朗

1977 年的夏天，30 岁的 O.J. 辛普森邂逅了 18 岁的妮可·布朗，当时她正在洛杉矶贝弗利山的雏菊夜总会（The Daisy）担任女服务生。

妮可·布朗出生于德国法兰克福，母亲是德国人，父亲曾是美国军人。她在美国长大，金发碧眼，拥有高挑、苗条的身材，宛如海滩少年合唱团（Beach Boys）歌词中描绘的理想女孩。

雏菊夜总会坐落于洛杉矶的贝弗利山，以其迷人、时尚的氛围而闻名。O.J. 辛普森成名后常来这里消遣。彼时，他与妻子玛格丽特·惠特利的婚姻已名存实亡，两人于 1979 年 3 月离婚。妮可·布朗与 O.J. 辛普森迅速坠入爱河，不久便搬进了 O.J. 辛普森位于落日大道北部的北罗金厄姆大道 360 号的庄园。该区域是富裕的布伦特伍德市最奢华的社区之一。这座西班牙风格的豪宅是辛普森于 1975 年以 65 万美元购入的，房屋面积达 6000 平方英尺，四周环绕着石砌围墙。庄园内庭院开阔，绿树成荫，还设有一个网球场和一个大型游泳池。O.J. 辛普森与妮可·布朗结婚时签订了婚前协议，O.J. 辛普森出于他对这幢房子的深厚感情，保留了该房产的所有权。

1979 年，O.J. 辛普森与玛格丽特·惠特利离婚后，于 1985 年与妮可·布朗步入婚姻殿堂。同年，他们迎来了女儿悉妮的诞生，三年后，儿子贾斯廷也出生了。这段不同肤色的婚姻起初看似非常和睦，妮可也表现得十分幸福。在许多人眼中，妮可·布朗与 O.J. 辛普森的结合无疑是幸运的，因为 O.J. 辛普森不仅让妮可过上了富足的生活，还慷慨地为她的姐姐支付大学学费，并帮助她的父亲获得了"赫兹汽车租赁公司"的分销权。然而，在这段婚姻光鲜亮丽的外表下，隐藏着不为人知的另一面。婚后，妮可·布朗公开声称自己遭受了 O.J. 辛普森的家暴。警方的九次出警记录无情地打破了这段婚姻的美好光环。

经过多次激烈的冲突，O.J. 辛普森与妮可最终于 1992 年 10 月 15 日签署了离婚协议。

根据离婚协议，O.J. 辛普森除了每月向妮可·布朗支付子女抚养费外，还同意将之前赠送给妮可的一套位于旧金山、用于出租的公寓继续归她所有。O.J. 辛普森支付给妮可·布朗的分手费约为 43 万美元。根据协议，这笔费用主要用于妮可·布朗本人以及两个孩子购置住房。此外，根据两人七年前的婚前协议，O.J. 辛普森保留了他在北罗金厄姆大道那处庄园的专属所有权。妮可·布朗暂时租住在布伦特伍德葛特纳格林路（Gretna Green Way）325 号，每月租金 5000 美元。尽管该地区不如邻近的罗金厄姆地区富庶，但居住环境也算舒适。妮可·布朗的新家配有一个游泳池和一处客房。从这些安排可以看出，O.J. 辛普森对妮可·布朗并非绝情，事实上，他们离婚后依然保持着正常的往来。

1994 年 6 月 12 日是周日，妮可·布朗的女儿悉妮在布伦特伍德的保罗瑞维尔小学举办的歌舞会上表演节目，妮可的父母专程从奥兰治县驱车前来探望他们的外孙女。妮可·布朗通知了 O.J. 辛普森，两人一同观看了女儿的演出。然而，

妮可·布朗没有履行与 O.J. 辛普森在意大利餐厅共进晚餐的约定，也没有邀请他参加在美扎鲁纳餐厅为家人举办的晚宴。妮可·布朗一家共 10 人的聚会从晚上 7 点持续到 8 点 30 分。晚餐后，她和孩子们在附近的冰激凌店购买了冰激凌，随后才返回家中。

（二）一个在错误的时间出现在错误地点的受害者

罗纳德·莱尔·戈德曼是一位高大英俊的黑发青年。与许多性格外向、活泼爱玩的年轻人一样，他渴望成为一名明星模特，虽然，遇害前他仍在美扎鲁纳餐厅担任服务员。在案发前六个月，戈德曼结识了妮可·布朗，两人为朋友关系。1994 年 6 月 12 日，妮可·布朗在美扎鲁纳餐厅宴请家人共进晚餐。晚餐结束后，妮可·布朗的母亲发现自己的太阳镜不见了。

当晚 9 点 30 分，妮可·布朗的母亲致电美扎鲁纳餐厅询问眼镜的下落。餐厅的一名雇员找到了太阳镜，将其放入信封并告知了她。随后，妮可·布朗的母亲联系了女儿。几分钟后，妮可·布朗给戈德曼打电话，告知他关于自己母亲的太阳镜落在餐厅的事情。那个晚上，戈德曼原本已有安排，他计划与餐厅的一名女服务生一起去夜店。这位年轻女孩来自俄勒冈州，身材高挑，充满魅力，戈德曼一直对她抱有好感。接到妮可·布朗的电话后，戈德曼立即决定打卡下班，并让当值的男服务生向那位女服务生解释，就说他的一个大学朋友遇到麻烦，打来电话需要他立即过去帮忙。然而，这位男服务生知道电话是妮可·布朗打来的，便将戈德曼的真实去向告诉了女服务生。女服务生因此非常生气，愤怒地离开了，留下其他人帮她收拾桌子。而戈德曼则迅速向一位朋友借了车，先开车回到他在附近的住处，换了衣服，然后前往南邦迪大道 875 号。

至于戈德曼到达妮可·布朗的公寓后发生了什么，就无人知晓了。但罗纳德·莱尔·戈德曼无疑是典型的在错误时间出现在错误地点的人，最终成为一场悲剧的无辜受害者。

（三）1994 年 6 月 12 日的 O.J. 辛普森

6 月 12 日早晨，O.J. 辛普森在乡村俱乐部打了一场早场高尔夫球。由于要参加 9 岁女儿学校的活动，他推掉了其他安排，并计划与布朗一家前往布伦特伍德的一家意大利餐厅用餐，还提前预订了座位。然而，活动结束后，妮可·布朗却告知 O.J. 辛普森，他们一家将改去美扎鲁纳餐厅参加晚宴，并且没有邀请他一同前往。对于妮可·布朗的爽约，加上在

学校剧院观看女儿表演时，O.J. 辛普森独自一人坐在后排，这让他难免感到沮丧。因此，他失去了独自去意大利餐厅用餐的兴趣，并打电话通知餐厅老板取消了预订。

当晚，O.J. 辛普森需要飞往芝加哥参加赫兹租车公司的会议，他预订了 23:45 飞往芝加哥的机票。在女儿表演结束并取消意大利餐厅的预订后，他找到长期房客卡托·凯林（Kato Kaelin），表示需要兑换一张 100 美元的钞票，并要求换成小面额钞票，以便支付出租车司机和洛杉矶机场搬运工的小费。卡托·凯林对 O.J. 辛普森的到来感到高兴，得知他尚未吃晚餐，便提议两人一起外出用餐，O.J. 辛普森同意了。于是，他们开车前往圣莫尼卡的麦当劳餐厅购买了汉堡。在回家的路上，O.J. 辛普森吃掉了自己的那份汉堡，而卡托·凯林则留着那份汉堡，表示稍后再吃。

卡托·凯林最后一次见到 O.J. 辛普森的时间是 6 月 12 日晚上 9 点 40 分。

（一）前往 O.J. 辛普森的罗金厄姆庄园

1994 年 6 月 13 日凌晨 4 点，在确认女被害人是 O.J. 辛普森的前妻后，洛杉矶西区警察局的指挥官基思·布希通过电话指示：O.J. 辛普森应当被"亲自"通知此事。于是，马克·富尔曼、罗恩·菲利普斯、菲利普·瓦纳特和汤姆·兰格驾驶两辆汽车，于凌晨 5 点 5 分抵达 O.J. 辛普森的罗金厄姆庄园。

此时，一个奇怪的情况出现了，这一情况也是后来公诉方败诉的原因之一。这个情况是：在 3 个小时前，洛杉矶西区警察局局长已通过电话解除了马克·富尔曼对该案件的侦查任务，将案件分配给了瓦纳特和兰格的"抢劫与凶杀案"组，并且马克·富尔曼的姓名从未出现在菲利普·瓦纳特和汤姆·兰格提交的当晚行动报告中。然而，马克·富尔曼当晚始终在菲利普·瓦纳特和汤姆·兰格的身边。以至于在后来的审判中，关于13日凌晨在罗金厄姆庄园发生的至关重要的侦查过程，特别是在涉及侦探马克·富尔曼的行为时，警方提出了两个不同的版本。

然而，一般的报道内容如下：当马克·富尔曼、罗恩·菲利普斯、菲利普·瓦纳特和汤姆·兰格抵达 O.J. 辛普森位于罗金厄姆的庄园时，尽管庄园内楼上楼下的灯都亮着，但当四名侦探在庄园铁门外反复按门铃时，里面却始终无人应答。"一辆白色的野马车以奇怪的角度停在街上。"马克·富尔曼作证说，他是独自走到野马车旁进行检查的，并且在野马车的一个车轮附近发现了一片长1英尺的尖桩栅栏。同时，马克·富尔曼还注意到：野马车驾驶座的门上有一块明显的血迹，车门槛上有几个深色的污点。此外，在野马车的载货区，有一个收件人为 O.J. 辛普森的包裹，一把旧铲子，以及一块折叠起来尺寸很大的塑料布。

在没有搜查证的情况下，马克·富尔曼翻越了5英尺高的围墙进入 O.J. 辛普森的庄园，并打开了大门，让其他人得以进入。

他们随后在楼下前门按响了门铃，但依然没有得到任何回应。四名侦探于是放弃按门铃，绕到主楼后面。主楼后面有三处平房，周围环绕着防御飓风的栅栏，这应该是罗金厄姆庄园的客房。

他们敲开了住在客房的房客卡托·凯林的房门，以及住在隔壁的 O.J. 辛普森 25 岁女儿阿奈尔的房门。

侦探首先询问卡托·凯林是否听到任何异常动静。卡托·凯林回忆后告诉侦探，大约在晚上 10 点 45 分，他听到自己床头墙上传来三声沉重的砰砰声，但由于不明原因，他并未起床查看。

阿奈尔住在卡托·凯林隔壁的套房中，三名侦探进入她的房子，而马克·富尔曼则继续留在后面进一步询问卡托·凯林。后来，马克·富尔曼和卡托·凯林一起进入了阿奈尔的套房，但卡托·凯林被要求留在酒吧间等候，以便接受菲利普·瓦纳特的进一步询问。

（二）马克·富尔曼发现了血手套

凌晨 6 点左右，马克·富尔曼决定对平房与铁丝网之间的一条阴暗狭窄的走道进行勘查。在被树叶覆盖的地面上，他发现了一只右手皮手套，手套上附着着暗色的潮湿物质。（马克·富尔曼推测，手套上的暗色潮湿物质是血迹，并且这只手套与布伦特伍德南邦迪大道 875 号案发现场发现的手套属于同一副。）对于附近的树叶和地面，马克·富尔曼没有发现任何异常之处。在越过发现手套的地点继续前行一段距离后，他触碰到了一些蜘蛛网。

O.J. 辛普森的院子围栏内，发现血手套的地方

返回平房后，马克·富尔曼立即向其他三位侦探汇报了他的发现。随后，他召集他们一同返回现场对手套进行检查。

菲利普·瓦纳特侦探认为，马克·富尔曼发现的手套是一个重大线索。他指示马克·富尔曼前往布伦特伍德南邦迪大道 875 号案发现场，以确认在那里发现的手套与在罗金厄姆庄园发现的手套是否属于同一副。马克·富尔曼遵从指示前往 875 号案发现场，并确认两只手套确实是一副。然而，在法庭上，马克·富尔曼的证词出现了矛盾。他声称，当他回到案发现场单膝跪着指向那只带血手套时，洛杉矶警察局的一名摄影师为他拍了照。(但这一说法与后来的证词相矛盾，后来的证词称这张照片是在富尔曼前往 O.J. 辛普森的罗金厄姆庄园之前拍摄的。)

(三)马克·富尔曼又发现了血迹

16 日上午 7 点 15 分左右，马克·富尔曼重返 O.J. 辛普森的罗金厄姆庄园。在邻近野马车的街道、前门外的水泥通道以及屋内的浅色地板上，他和其他侦探"发现"了"数滴"血迹。此外，马克·富尔曼与另一名侦探对房屋其他区域进行了搜查，但除了在主卧室地板上找到一双黑色袜子外，未发现任何异常情况。

O.J. 辛普森卧室地板上的黑色长袜

基于上述发现，侦探菲利普·瓦纳特正式宣布：O.J.辛普森的罗金厄姆庄园为第二犯罪现场。

（四）关于 O.J.辛普森罗金厄姆庄园的另外一个版本

1994 年 6 月 13 日凌晨 4 点以后，四名侦探驾驶两辆车前往 O.J.辛普森的罗金厄姆庄园，一路上他们意识到自己正驶入一个极为高档的社区。在菲利普·瓦纳特的职业生涯中，他曾在西洛杉矶工作四年，却从未有机会涉足罗金厄姆。在夜色中，他们费了一番周折才找到 O.J.辛普森的住宅。瓦纳特很快注意到，尽管这个社区的居民通常无须将车停在街上，但一辆崭新的白色福特野马车格外引人注目。之所以引起他的注意，是因为这辆车停放的角度有些倾斜。然而，他们并未拍照，因此这一细节从未得到警方照片的证实。后来，警方公布的照片显示，这辆野马车停放得十分规整。

侦探们随后又发现，这辆车恰好停在标有 360 号门牌号的边石前，而这里正是 O.J.辛普森庄园的入口。从路边望去，这座大别墅被高 6 英尺的砖墙环绕，两辆高档轿车停在车道上，尤为显眼的是楼上还亮着灯。菲利普·瓦纳特走近铁门，按下门铃，但无人应答。侦探们轮流摁动门铃，依然没有任何回应。一块饰板上注明，这栋住宅由"韦斯特克"（Westec）

保安公司负责安保。这时，一辆带有"韦斯特克"公司标志的车恰好经过，侦探们便打手势示意其停下，出示了证件并说明正在执行紧急公务，需要联系 O.J. 辛普森。司机核对后，将辛普森的电话号码提供给了他们。

此时已是凌晨 5 点 30 分，加利福尼亚的天空即将破晓。菲利普·瓦纳特用手机拨打屋内的电话，但只能听到 O.J. 辛普森预先录制好的应答机声音。

此时，马克·富尔曼让他的三位上级继续徒劳地按门铃，而他自己则走向野马车。他用手电筒照向车内，发现后座上有几张写给 O.J. 辛普森的字条。不久，马克·富尔曼大声呼喊菲利普·瓦纳特："我想我在野马车上有所发现。"听到呼喊后，菲利普·瓦纳特走了过来，马克·富尔曼向他指出了野马车上五处可疑的污渍：驾驶位一侧的车门外把手上有一处，车门底部门槛上方有四处。菲利普·瓦纳特当即判断这些污渍可能是血迹。他随即要求马克·富尔曼查询这辆野马车的车牌号，结果显示车主为"赫兹租车公司"。四人都清楚 O.J. 辛普森与该公司的合作关系。

菲利普·瓦纳特和搭档汤姆·兰格走到一旁讨论当前的情况。他们一致认为，需要请刑事鉴定中心的人员前来检测

野马车上疑似血液的物质。然而，专家的到来需要一段时间，甚至可能需要一两个小时。此时，他们已经离开布伦特伍德南邦迪大道 875 号的凶杀案现场，而罗金厄姆庄园这栋豪宅的内部情况尚不明确，里面是否有人需要紧急帮助也无从得知。

菲利普·瓦纳特后来表示，他担心庄园内可能有人需要紧急援助。

两人回到罗恩·菲利普斯和马克·富尔曼身边，表示不能等到申请到搜查令后再进入这栋宅子。事态的后续发展证明，这一决定为本案投下了一枚重磅炸弹。这样的决定，如同指挥官在战场上面对不明具体情况的关键时刻所作的决定一样，普通旁观者难以理解指挥官在当时所面临的压力。尽管后来在 O.J. 辛普森罗金厄姆庄园发现的证据被法庭采纳，但这次行动给洛杉矶警察局带来的批评之声，尤其是在诉讼程序中，从未停止过。

马克·富尔曼主动提出翻越围墙，随后他翻了过去并打开了大门，让其他三人进入院内。他们再次按响前门的门铃，试图唤醒屋内的人，但过了许久仍无人应答。于是四人绕着房子周围查看，发现了一栋三间客房。罗恩·菲利普斯透过第一间客房的窗户往里看，声称看到屋内有人。他随即敲门，很快便有人回应。睡眼惺忪的卡托·凯林打开了门。当侦探们询问他是否知道 O.J. 辛普森的下落时，他表示自己不清楚，但建议他们可以询问 O.J. 辛普森的女儿阿奈尔，她就住在旁边的一间客房内。马克·富尔曼留下继续向凯林询问，而其他三人则叫醒了阿奈尔，她也表示不知道父亲的去向，但建议他们到主屋去看看。此外，阿奈尔还询问他们，父亲的车是否停在庄园一侧的入口处。

菲利普·瓦纳特指向他们发现野马车停放的罗金厄姆大道一侧的入口。

阿奈尔随后用自己的钥匙打开了主屋，让侦探们进入。在犹豫了一会儿之后，她又给长期担任 O.J. 辛普森私人秘书的凯茜·兰达打了电话。电话接通后，阿奈尔将电话交给了菲利普·瓦纳特。凯茜·兰达在家中被阿奈尔的电话叫醒，她告诉瓦纳特，O.J. 辛普森已经乘坐午夜航班前往芝加哥，他将在那里参加赫兹租车公司的会议，并且会一直待在芝加哥奥黑尔机场，会议结束后还将去打一场高尔夫球。凯茜·兰达给了菲利普·瓦纳特 O.J. 辛普森在芝加哥酒店的电话。

（五）罗恩·菲利普斯与O.J.辛普森的通话

"天哪，妮可被杀了？天哪，她死了！"罗恩·菲利普斯在电话中努力安抚O.J.辛普森，并告知他两个孩子已被送往西洛杉矶警署。O.J.辛普森当即质疑这一安排，罗恩·菲利普斯解释称，警方这么做是因为他们别无选择，不知道还能把孩子安置在哪里。O.J.辛普森随即告诉罗恩·菲利普斯，他将立即挂断电话，赶乘最早一班飞机返回洛杉矶。

罗恩·菲利普斯将电话交给阿奈尔，阿奈尔建议父亲让他的朋友阿尔·考林斯前往警察局接走孩子们。

事后，警方认为O.J.辛普森的通话内容本身存在疑点，因为他没有询问罗恩·菲利普斯关于其前妻的死因、对孩子的影响，以及他们是如何被送到警察局的。根据警方的记录，O.J.辛普森当时还不知道有两人遇害。

与此同时，在主屋内，马克·富尔曼侦探仍在继续询问卡托·凯林。

马克·富尔曼凝视着卡托·凯林迷离的双眼，试图判断他的精神状态。为了消除心中的疑虑，他运用了警方广为人知的测试神智的方法。他拿出一支钢笔，在卡托·凯林眼前缓缓移动，而卡托·凯林顺利通过了测试。随后，马克·富尔曼询问他前一晚是否发生了异常情况。卡托·凯林回答"是的",并描述道:星期天晚上大约 10 点 50 分,当他正在电话中与人闲聊时,突然听到身后卧室的墙上传来几声沉重的撞击声。由于这面墙靠近街道,撞击力度之大,甚至晃动了空调旁挂着的一幅画,卡托·凯林一度以为是地震发生了。

马克·富尔曼迅速结束了询问,将卡托·凯林带到了主屋,与其他三名侦探一起等待。随后,他打着手电筒,独自返回那间客房,绕到后面仔细查看卡托·凯林提到的撞击声来源。在黎明前昏暗的光线中,马克·富尔曼发现客房的后墙壁与一道高耸的链式防风栅栏之间,形成了一条狭窄的通道,而这条通道的地面上覆盖着树枝和树叶。他沿着通道向前走了大约 20 英尺,以确定卡托·凯林的卧室墙的确切位置,并在此过程中发现了一件黑色的物体。富尔曼后来回忆说,走近观察后,他认出那是一只右手皮手套,与他在布伦特伍德南邦迪大道 875 号案发现场发现的手套极为相似。他用手电筒照亮这只手套,发现上面没有树叶或树枝,但覆盖着一种看起来黏糊糊的黑色物质,且手套的一部分与其他部分粘在了一起。

接着,马克·富尔曼继续前行。刚走了几步便碰到了蜘

谁杀了辛普森前妻

蛛网，这也是他第一次碰到蜘蛛网。他沿着防风栅栏一直走到房子的界址线，然后折返。

回到主屋后，马克·富尔曼向其他侦探汇报了他的发现。他向菲利普·瓦纳特报告称，在那条通道边发现了一只右手皮手套，上面似乎沾有血迹。这一发现使警方的调查行动骤然加速。通常情况下，当配偶或前配偶一方被杀时，警方会本能地怀疑另一方。如果被害人是女性，尤其是之前曾遭受过丈夫的虐待或丈夫有明显作案动机时，警方的怀疑会更加坚定。

（六）正式申请搜查 O.J. 辛普森的罗金厄姆庄园

此时，菲利普·瓦纳特指派他的搭档汤姆·兰格侦探去通知妮可·布朗的近亲属。作为一名经验丰富的侦探，汤姆·兰格深知妮可·布朗的家人住在 70 英里外的橙县。这意味着兰格可能面临风险，因为在他驱车南下的这段时间里，媒体或许已经曝光了妮可·布朗的真实身份，而她的家人完全有可能通过媒体得知这起悲剧。汤姆·兰格最终决定放弃洛杉矶警察局关于亲自通知的规定，于早上 6 点 21 分直接拨打了妮可·布朗家属的电话。

妮可·布朗的父亲接听了电话，他听到这个消息后表现得十分冷静。然而，在楼上的妮可的姐姐丹尼丝也拿着电话分机，她一听到这个可怕的通知便开始尖叫："是他干的，他终于还是做了。"汤姆·兰格询问丹尼丝，这个"他"指的是谁，丹尼丝毫不犹豫地回答："O.J. 辛普森。"

根据法律，丹尼丝的歇斯底里的回答属于传闻和主观意见，不能作为证据采纳，但这足以加深侦探们对 O.J. 辛普森的怀疑。留在罗金厄姆庄园的菲利普·瓦纳特宣布：这个地方是第二犯罪现场。

随后，他派遣其他三名侦探返回布伦特伍德南邦迪大道875 号，并特别指示他们，对马克·富尔曼在罗金厄姆庄园发现的手套和两名被害人身边的手套进行对比。他已经要求刑事鉴定专家前来协助，而他自己则继续留在罗金厄姆庄园等待。

天终于亮了。O.J. 辛普森的罗金厄姆庄园在加利福尼亚南部的晨曦中苏醒。菲利普·瓦纳特独自展开调查，借着晨光，他走出房屋，在通往邻近两辆车停车位的小径上发现了几处疑似血迹。这些血滴呈线状排列，从靠近罗金厄姆大道的大门一直延伸到房子的前门。菲利普·瓦纳特继续前行，来到一辆野马车旁，在前排两座间的仪表盘上发现了类似血迹的物质。从乘客座位向内观察，驾驶位一侧的车门内壁有更多痕迹。随后，他返回房子前门并进入屋内，在前厅发现了三滴疑似血迹的物质。

上午 7 点 10 分，丹尼斯·冯抵达罗金厄姆庄园。他立即对野马车驾驶位一侧车门上的红色物质进行了测试，结果显示该物质极有可能是血液，但这并非最终定论。几分钟后，马克·富尔曼从布伦特伍德南邦迪大道 875 号返回，他告知菲利普·瓦纳特，案发现场发现的手套是左手手套，正好与在 O.J. 辛普森罗金厄姆庄园通道找到的右手手套配成一对。

因此，菲利普·瓦纳特决定正式申请搜查 O.J. 辛普森的罗金厄姆庄园。他留下马克·富尔曼，自己则前往西洛杉矶警署撰写申请书。

正如许多经验丰富的侦探与他们的控方律师建立了良好的合作关系一样，菲利普·瓦纳特也不例外。他与一位检察官建立了工作联系，现在他需要就一些重要问题事先咨询这位检察官。

（一）聚集中的辩方团队

从公平角度上来说，如果有足够的资金，辩方团队可以聘请来自全美，甚至全世界最优秀的人才；而除非特殊情况，控方团队的成员以案发地区为主，尤其是检察官和专家、实验室人员。

"1994 年 6 月 17 日，星期五，我应 O.J. 辛普森案件辩方律师的邀请，以物证鉴识专家的身份抵达洛杉矶。

"走下飞机，我看到了出乎意料的一幕，居然有数百位报社记者、电视台摄影师等着采访我。当我告诉他们，本人对案件一无所知，甚至不知道 O.J. 辛普森是谁，显然没有人相信我。罗伯特·夏皮罗律师派了一辆豪华轿车接走了我，直接把我载到了 O.J. 辛普森的朋友、罗伯特·卡戴珊位于恩西诺（Encino）的家，在这里我第一次见到了 O.J. 辛普森。但是进门时还是闹了个笑话，O.J. 辛普森的朋友阿尔·考林斯也是非裔，长得高高大大，他出门迎接了我。而我把他当成了 O.J. 辛普森。如果这时候有记者在场，估计他们会相信我之前说不认识 O.J. 辛普森，是真话。

"几天前，罗伯特·夏皮罗邀请我参加辩方团队，我第一次的回应是：'我实在太忙，不能承诺能付出案件所需要的大量时间。'不过，夏皮罗不仅是一位非常成功的律师，更是一位擅长游说的好律师。而且我们是朋友，也曾经愉快合作过，所以当他那天稍晚又打电话给我时，我认真倾听了他寻求我帮助的理由。他向我介绍了案情：O.J. 辛普森的首位律师已被替换，罗伯特·夏皮罗正式接管案件。他说有些情况非常棘手，他们需要真正有能力的高手参加辩方团队鉴定物证。我认真考虑后答应了他的邀请，但随即强调：我只能根据我的科学物证鉴定结果说话，我们应当'实事求是'。因为为辩方工作，这对我来说并不常见。但是我希望他明白，这意味着我最后的物证鉴定结论也有可能对控方有利。

"罗伯特·夏皮罗非常开心我答应加入辩方团队。同时他还告诉我，他也已经和纽约的迈克尔·巴登博士取得联系。迈克尔·巴登博士是世界知名法医病理学家，也是我的朋友、合作伙伴。很快我和罗伯特·夏皮罗达成协议：他在谈及案件时不得提到我的名字。但他可以告诉媒体，除聘请了迈克尔·巴登博士外，他还在寻求顶级法庭科学家的帮助。另外我还告诉罗伯特·夏皮罗，我目前只是口头答应他的邀请，最终是不是能正式加入他的团队，要等到我的上级同意。我在 1979 年加入康涅狄格州警察署工作时，州警察署、州长都向我保证：'只要不是工作时间，不使用本州经费，你可以参与康涅狄格州管辖区以外的任何案件。'但我仍觉得自己有必要小心处理罗伯特·夏皮罗说的这桩案件，我给州警察署长尼古拉斯·乔菲打了电话。曾经担任过州高级法院法官的尼古拉斯·乔菲很快表示同意，但他也要求我应该获得州长的明确指示。我处理完这一切后，致电罗伯特·夏皮罗，同意在 O.J. 辛普森案件中为他提供协助，但只负责犯罪现场的物证鉴定分析和审查专家证言。

"罗伯特·夏皮罗答应了。"

——《李昌钰工作记录》

李昌钰博士（左二）和
相关专家在现场

（二）意外和意外之外的更大意外

罗伯特·卡戴珊是 O.J. 辛普森的老友，也是说服他聘请
罗伯特·夏皮罗律师为其辩护的关键人物之一。

在李昌钰博士看来，他们出现在恩西诺的场景有些令人
啼笑皆非，因为这群即将为 O.J. 辛普森辩护的人，竟然都是
第一次见到他本人。

相互介绍后，O.J. 辛普森便回到了另一个房间，而团队则
在罗伯特·卡戴珊的书房里讨论案件，并与洛杉矶犯罪实验
室和法医办公室取得联系，要求安排时间，以便辩方团队查
验证据和考察案发现场。然而，他们接到的通知却是：警方
已经获得逮捕 O.J. 辛普森的命令。这一意外情况让辩方团队
措手不及，也打乱了他们的原定计划。但他们不得不接受现

实。考虑到 O.J. 辛普森的身份和社会影响，作为他的辩护律师，罗伯特·夏皮罗提出可以考虑让 O.J. 辛普森向警方"主动投案"。接下来一整天，罗伯特·夏皮罗都在与洛杉矶警察局高层协商，讨论 O.J. 辛普森何时以及如何向警方"投案"的细节。

在这一过程中，李昌钰博士的反应几乎可以用震惊来形容。

当天下午，洛杉矶警察局的侦探和警察来到恩西诺，执行"接受 O.J. 辛普森向警方主动投案"的命令。与此同时，超过千名记者在门外等候，他们要拍摄 O.J. 辛普森向警方投案的历史性镜头。罗伯特·夏皮罗接待了警察，随后他与罗伯特·卡戴珊一起上楼通知 O.J. 辛普森。

然而，更令人震惊的一幕发生了：当罗伯特·夏皮罗和罗伯特·卡戴珊下楼时，他们身后并没有 O.J. 辛普森的身影，只有他留下的一封信。这一突发状况不仅让在场的警察们措手不及，也让整个辩护团队面面相觑，陷入一片茫然。警察们立即向洛杉矶警方报告，并在恩西诺展开了全面搜查。

然而，O.J. 辛普森仿佛人间蒸发一般，踪迹全无。

随后，洛杉矶警方发布通告：制造 6 月 12 日布伦特伍德南邦迪大道 875 号惨案、导致两人遇害的最大嫌疑人——妮可·布朗的前夫，前著名橄榄球运动员，同时涉足体育、广

告和影视界的巨星 O.J. 辛普森，已违背与警方达成的"主动
投案"协议并出逃。与他同行的是他少年时代的密友阿尔·考
林斯。

自此，事件发生了重大转折。O.J. 辛普森正式成为在逃
犯罪嫌疑人。

与此同时，等候在恩西诺的所有人都被列为协助逃犯的
嫌疑人。洛杉矶警察局的侦探对在场的每一个人进行了详细
询问，并警告他们："你们因涉嫌协助逃犯，随时可能被逮捕。"

（三）不同情景的"O.J. 快跑！"

洛杉矶警方通过电台反复播报阿尔·考林斯驾驶的白色
福特野马车的型号、车牌号以及车辆特征。媒体闻风而动，
对事件进行了大肆渲染。很快，O.J. 辛普森出逃的消息便传
得沸沸扬扬，家喻户晓。

当天下午两点，O.J. 辛普森的辩护律师之一，同时也是
他的好友罗伯特·卡戴珊在恩西诺向媒体宣读了一封由 O.J. 辛
普森亲笔撰写的信。信中，O.J. 辛普森写道："首先，每个人
都应该明白，我和妮可的谋杀案毫无关系，请不要为我感到
遗憾，我的人生已经足够精彩……"这封被许多人解读为遗
言的信，似乎为事态的发酵添了一把火。在现场记者报道之后，

他们立刻加入了搜寻 O.J. 辛普森的行列。

不久，白色福特野马车的踪迹被发现。

洛杉矶警方迅速出动了地面和空中警力，同时，一架拥有独家报道权的洛杉矶新闻中心直升机也升空展开追踪。紧接着，全美 ABC、CBS、CNN 三大电视网立即中断了所有常规节目，其他几十家媒体也纷纷加入报道，所有焦点都集中在了 O.J. 辛普森出逃事件上。

警察追逐 O.J. 辛普森

此刻，地面和空中摄像机共同捕捉到了野马车的清晰画面，车内情景一览无余：阿尔·考林斯正在驾驶车辆，而 O.J. 辛普森则坐在后排，手持枪支对准自己的头部。

一个奇特的场景在各大电视台直播：高速公路上，一辆白色福特野马车被一支由警察巡逻机、电视台直升机组成的

空中护航队，以及紧随其后的警车和新闻采访车组成的地面车队，以低速沿着加利福尼亚高速公路行驶了70英里。

其间，ABC美国国家广播公司甚至中断了对1994年NBA总决赛的报道。KNX广播电台对这场追捕行动进行了现场直播，而正在转播美国冠军联赛的USC广播站则联系了O.J.辛普森的前教练约翰·麦凯伊，邀请他来到广播站，劝导O.J.辛普森停车自首，而不是选择自杀或逃跑。

这起案件在美国引起的震动是空前的，不仅因为O.J.辛普森是家喻户晓的体育、广告和电影三栖明星，更因为案件本身的戏剧性发展。

电视台还拍摄到，当野马车经过某些地区时，人们在道路两侧为O.J.辛普森欢呼，仿佛在他们看来，O.J.辛普森不是在逃亡，而是在进行一场比赛，或者正在拍摄又一部"O.J.快跑！"的广告。由于当时正值东部地区晚间电视节目时间，据报道，当天大约有9500万美国人全程或部分时间观看了这场从下午6点开始的O.J.辛普森出逃直播，其观众数量甚至超过了当年观看超级碗杯比赛的观众。

白宫首次中断了会议。

在警方的持续联络与劝导、律师的斡旋以及O.J.辛普森的母亲和前教练的共同劝说下，阿尔·考林斯的白色野马车最终驶回了 O.J. 辛普森的罗金厄姆庄园。经过谈判,6 月 17 日,O.J. 辛普森正式向洛杉矶警方投案自首。

当得知这位行事疯狂的当事人被捕后，聚集在位于恩西诺的罗伯特·卡戴珊家中的一群人终于松了一口气，因被解除了辅助出逃的嫌疑而感到了安全。

八、

庭审之前

（一）马西娅·克拉克（Marcia Clark）检察官

正如许多经验丰富的侦探都与控方律师建立了紧密的合作关系一样，长期在警界工作的侦探菲利普·瓦纳特也与一位检察官——马西娅·克拉克建立了良好的合作关系。两人曾在一桩以血迹为主要证据的谋杀案中合作过，菲利普·瓦纳特对这位检察官印象深刻。在着手准备搜查申请书之前，他拨通了马西娅·克拉克的电话，希望听取她对自己正在调查的案件的看法。

菲利普·瓦纳特详细描述了案发现场的情况，以及他在 O.J. 辛普森庄园发现的证据，并询问检察官自己是否已经具备了足够的"理由"以获得搜查令。在听完瓦纳特的陈述后，马西娅·克拉克迅速回应，认为现有的证据已经足够支持对O.J.辛普森实施逮捕，搜查令的批准应该不成问题。除了瓦纳特提供的信息，马西娅也对O.J.辛普森知之甚少。

由此，马西娅·克拉克以检察官的身份正式介入了O.J.辛普森案件。

13日当天，在得到马西娅·克拉克检察官肯定的答复后，菲利普·瓦纳特完成了对O.J.辛普森罗金厄姆庄园的搜查申请书。在填写搜查理由时，他凭直觉写道："昨晚深夜，O.J.辛普森'出人意料地'飞往芝加哥。"这一说法与O.J.辛普森的秘书凯茜·兰达在黎明时分电话中告知他的信息完全相悖。这一错误陈述后来成为辩方团队要求排除在罗金厄姆庄园所获证据的有力武器。几小时后，洛杉矶检察院的一名治安法官签署了搜查令。菲利普·瓦纳特随即驱车返回罗金厄姆庄园，对庄园进行了正式搜查。

（二）一段很紧张的时间窗口

O.J.辛普森于6月12日深夜前往机场的行为，将成为接下来数月诉讼战的关键焦点。控方的一位关键证人有力地证明，O.J.辛普森在杀害两名被害人后，匆忙返回罗金厄姆庄园，随后才赶去机场乘坐飞往芝加哥的航班。然而，这段时间窗口极为紧张，即便有可能，也只是勉强吻合。而辩方则提供了一系列无可辩驳的证据，表明O.J.辛普森前往芝加哥的计划早已安排妥当。此外，几位报案人的证词也显示，他不可能在作案后有足够的时间从案发现场赶回庄园，处理身上的血污后再前往机场。

巧合的是，O.J.辛普森在接到罗恩·菲利普斯的电话后，迅速从芝加哥返回，并在洛杉矶机场降落，时间恰好与洛杉矶检察院治安官签署搜查令的时间吻合。由于O.J.辛普森的知名度，飞行途中一些乘客认出了他，他的邻座乘客霍华德·宾厄姆还与他进行了简短的交谈。后来，霍华德·宾厄姆向控方提供的证词称："我没有发现O.J.辛普森的言行举止有任何异常。"

霍华德·宾厄姆的证词，使控辩双方都认为对自己有利。

控方认为，O.J.辛普森已经得知前妻被杀的消息，即使他不是凶手，言行举止也不应"没有任何异常"。这种"没有任何异常"恰恰是他善于伪装的表现。而辩方则认为，正因为O.J.辛普森不是凶手，而妮可只是他的前妻，作为一名公众人物，在外界尚未知晓重大案件发生的情况下，他有责任对自己的崇拜者保持应有的礼节。

（三）"扣下他"

下午，菲利普·瓦纳特手持搜查令，对 O.J. 辛普森的庄园展开全面搜查。与此同时，O.J. 辛普森从芝加哥返回洛杉矶，并于下午 1 点抵达庄园。此时，庄园外早已聚集了大批媒体记者。菲利普·瓦纳特看到 O.J. 辛普森后，因手握逮捕令，立刻果断地对身边的制服警察汤普森下达指令："扣下他！"在警察的行话中，这句话等同于"铐了他"，意味着可以对被逮捕者使用手铐。机敏的非裔美籍警察汤普森刻意将辛普森带到庄园一个隐蔽的角落，并迅速用手铐将其铐住。然而，这一幕被无处不在的记者用摄像机捕捉到，并随即向数百万美国观众进行了直播。

警察用手铐铐住 O.J. 辛普森的画面，被许多非裔美国人视为种族歧视行为。这一极不公正的举动在案件后期的社会舆论中引发了强烈反响。

O.J. 辛普森立即联系了他的律师霍华德·韦茨曼。霍华德律师迅速赶到庄园，并要求菲利普·瓦纳特立即解除 O.J. 辛普森的手铐。在为辛普森解开手铐的过程中，菲利普·瓦纳特注意到辛普森的左手中指缠着纱布，这让他联想到布伦特伍德南邦迪大道 875 号的血滴。于是，他要求 O.J. 辛普森前往洛杉矶警察局接受进一步讯问。霍华德律师随即要求与当事人单独交流。交流结束后，霍华德律师告知菲利普·瓦纳特和汤姆·兰格，O.J. 辛普森同意在律师不在场的情况下接受讯问，但前提是警方的讯问和辛普森的回答必须全程进行完整录音。

警方同意了霍华德·威兹曼律师提出的条件。

在警察局，菲利普·瓦纳特和汤姆·兰格两位侦探对 O.J. 辛普森进行了长达 32 分钟的审讯。尽管此次审讯并未取得实质性进展，但律师霍华德却因这一安排不当而迅速招致广泛批评，最终被解雇。在朋友的推荐下，O.J. 辛普森转而委托洛杉矶知名律师罗伯特·夏皮罗为自己辩护。

庭审尚未正式开始，空气中已然弥漫着紧张的气氛，一场激烈的鏖战即将拉开帷幕。

任何诉讼归根结底都是围绕证据展开的。在施行英美法系的美国，所有证据都必须呈现在陪审团面前。如果将诉讼中控方与辩方的辩论比作一场"竞赛"，那么法官仅仅是这场"竞赛"的裁判员。因为最终作出裁决的是陪审团，而陪审团的裁决依据是控辩双方所呈现的证据。检方的证据必须达到"超越合理怀疑"（beyond

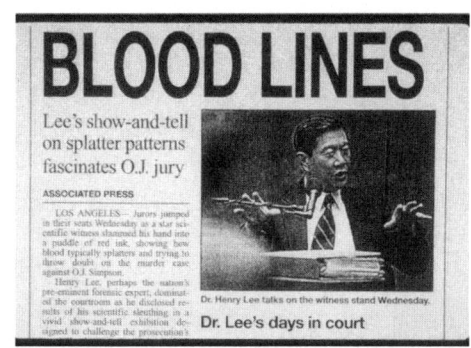

报纸的相关报道

reasonable doubts）的标准，才能被认定。

（一）辩方刑事证据专家李昌钰博士的发现，以及辩方主要战略

"1994 年 6 月 18、19 日两天，我对第一案发现场'布伦特伍德南邦迪大道 875 号'和第二现场'罗金厄姆庄园'进行了勘查。勘查结果，除验证了最初警方的结论外，同时我发现了一些问题，于是我最终决定加入辩方团队。我决定加入，是因为发现了负责 O.J. 辛普森案件的警方侦查人员，犯下了大量关键性错误，这些关键性错误，使他们的调查结论没有揭示事实真相。作为辩方专家，我的任务是在之后 15 个月里与警方的违规行为作斗争。我从未后悔过自己曾经做出的决定。"

——《李昌钰工作记录》

7 月 18 日，约翰尼·科克伦加入辩护团队，这一举动意义非凡。7 月 22 日，O.J. 辛普森在传讯时坚定地宣称："我绝对 100% 无罪"，以此为自己辩护。预审阶段为后续整个审判划定了主要战线，辩方开始积极行动：重点攻击控方诉讼中最薄弱的环节——目击证人的证词以及所出示的物证，尤其是血液证

据。血液证据的收集过程、是否存在污染，以及是否有人蓄意利用血液证据进行栽赃陷害，都成为辩方质疑的焦点。换言之，辩方质疑是否有人企图使 O.J. 辛普森被定罪，因而篡改了血液证据，并在多个关键地点"洒下"了被告人的血液。

庭审的过程注定充满曲折和意外。

（二）控辩两大团队正式形成

控方团队

马西娅·克拉克
（Marcia Clark）
洛杉矶地区检察官（白人、女性）

丹尼斯·冯
（Dennis Fung）
犯罪学家、刑事鉴定科学家

比尔·霍奇曼
（Bill Hodgman）
洛杉矶地区检察官办事处行动
主管，案件第一主管

科林·山内
（Collin Yamauchi）
洛杉矶警察局犯罪学家、
刑事鉴定科学家

克里斯托弗·达登
（Christopher Darden）
非裔美国人，检察官，案件第二主管

控方证人

霍华德·宾厄姆
（Howard Bingham）
飞机上的乘客

艾伦·帕克
（Allen Park）
城乡服务公司豪华轿车司机

洛杉矶警方所有参与调查的人员

辩方团队

约翰尼·科克伦
（Johnnie Cochran） [1]
维权律师、法庭科学家（黑人）

迈克尔·巴登
（Michael Baden）
世界知名法医病理学家

罗伯特·夏皮罗
（Robert Shapiro）
律师

罗伯特·卡戴珊
（Robert Kardashian）
律师

F. 李·贝利
（F.Lee Bailey）
律师

霍华德·韦茨曼
（Howard Weitzman）
O.J. 辛普森的原刑事辩护律师

巴里·舍克
（Barry Scheck）
律师、DNA 法律专家，曼哈顿的
本杰明·N. 卡多佐法学院教授，
纽约法律组织"昭雪计划"负责人

斯基普·塔夫脱
（Skip Taft）
O.J. 辛普森的商务律师

凯茜·兰达
（Cathy Randa）
O.J. 辛普森的秘书

李昌钰
（Henry Lee）
华裔著名刑事鉴识专家

---

[1] 约翰尼·科克伦是最早一批在电视上批评让 O.J. 辛普森独自接受讯问的法律分析家之一。这位聪明且极富个性的非裔美籍律师，因在南加利福尼亚为少数族裔民权辩护而声名远扬。在 O.J. 辛普森杀妻案中，控方的重要物证之一是一副沾有血迹的手套。然而，当 O.J. 辛普森应控方要求向陪审团展示这副手套时，手套却明显不合他的手。随后，约翰尼·科克伦说出了那句著名的辩护词："如果它（手套）不合（手），你们就必须判他无罪。"一些法律专家认为，正是这句话扭转了 O.J. 辛普森案件的局势。不久后，法庭宣判 O.J. 辛普森无罪。

约翰尼·科克伦因 O.J. 辛普森案件在法律界声名鹊起。电视剧《致命武器》第四集中的一段有趣对白也彰显了他的知名度。剧情中，警察告知嫌疑犯有权聘请律师，但随后又警告说："如果你找的是约翰尼·科克伦，我会杀了你。"

艾伦·德肖维茨
（Alan Dershowitz）
著名律师、哈佛大学教授

爱德华·布莱克
（Edward Black）
知名法庭 DNA 专家

杰拉尔德·F. 乌尔曼
（Gerald F.Uelmen）
圣塔克拉拉大学法学院院长

查克·莫顿
（Chuck Morton）
微量证据专家，他在毛发、纤维分析
方面的知识和阅历为辩护奠定基础

彼得·诺伊费尔德
（Peter Neufeld）
律师

拉里·拉赫尔
（Larry Ragel）
橙县法庭科学实验室前主任

赫伯特·麦克唐纳
（Herbert MacDonell）
血迹专家，"美国血迹分析之父"

欧文·戈尔登
（Irwin Golden）
洛杉矶助理法医官，实际负责尸检的
法医官

芭芭拉·沃尔夫
（Barbara Wolf）
博士、法医病理学家，任职于
奥尔巴尼医疗中心

法官

德尔伯特·王
（Delbert Wong）
高级法院法官

兰斯·伊藤
（Judge Lance Ito）
主审法官

凯瑟琳·肯尼迪-鲍威尔
（Katherine Kennedy-Powell）
庭审法官

许多美国人关注 O.J. 辛普森案件的进展，却忽略了其个人巨额财富对案件走向和最终结果的影响。一个不可忽视的事实是，作为被告，其拥有的财富决定了他有能力与控方在案件调查和审判过程中投入的昂贵资源相抗衡，这一点至关重要。

通常情况下，被告可动用的资源与政府投入的资源之间存在巨大差距，但 O.J. 辛普森却有能力缩小这种差距。根据记录，控方为 O.J. 辛普森案件支出了 1900 万美元，而辛普森本人为这起案件投入的资金高达 3000 万美元。这 3000 万美元还不包括他个人投入的大量时间成本。众所周知，若非案件缠身，O.J. 辛普森每分钟都在创造高额财富。

世界顶尖刑事鉴识专家李昌钰博士的关键发现，增强了邀请他加入辩护团队的罗伯特·夏皮罗律师的获胜信心。正是由于 O.J. 辛普森所拥有的巨额财富，他能够负担得起邀请到适合案件的所有顶尖专家的费用。

控辩博弈

一场控、辩双方之间的搏杀拉开帷幕。

交叉询问是由一方当事人或其律师在法庭上对另一方证人进行的盘诘性询问。《布莱克法律词典》对这个概念的解释是："在审判或听证中，由与传唤证人出庭作证的一方相对立的另一方，对该证人进行的讯问。"

（一）控方举证

在起诉开始时，检察官马西娅·克拉克提出妮可·布朗在 1989 年 1 月 1 日拨打 911 的求救电话记录作为证据。电话内容显示，O.J. 辛普森对她进行了人身伤害，令她感到恐惧。此外，检察官还传唤了几十位鉴定人出庭作证，证词涵盖从

DNA 检测、指纹分析到指纹鉴定的各个方面，力求还原 O.J. 辛普森案的犯罪现场。尽管首席检察官马西娅·克拉克是女性，但她对刑事犯罪的研究堪称"专业"。不难看出，克拉克检察官在庭审中打出了一张极具说服力的牌：由此推论，O.J. 辛普森因嫉妒而愤怒，最终杀害前妻及其男性朋友，这一推理显得顺理成章。

关于证明 O.J. 辛普森是否有作案的时间，检方的主要证人是豪华轿车司机艾伦·帕克。他作证称，自己原本被电话预约于 6 月 12 日晚上 10 点 50 分搭载 O.J. 辛普森前往洛杉矶机场。然而，当他在晚上 10 点 35 分到达辛普森家门口并拨打电话时，却无人接听。大约 20 分钟后，帕克看到一个与 O.J. 辛普森相似的高大人影匆匆走进房子，随后屋内的灯亮了。当他再次按门铃时，O.J. 辛普森接听了从大门打进的内部电话，并很快出来，声称自己刚刚睡着了。随后，帕克与辛普森一起将行李装上车。他们于晚上 11 点 15 分离开罗金厄姆庄园前往机场。在帕克驾车离开时，他经过了一辆停在街道上的车，但他无法确定该车是否原本就停在那里（陪审团在做出裁决前的商议中，曾要求艾伦·帕克提供证言，但据报道，由于帕克无法对停在街道上的车辆提供确切答案，他的证词被驳回了）。

至于证明 O.J. 辛普森是否在作案后返回庄园，检方的证人是当时住在客房的卡托·凯林。他作证称，客房墙外曾传来类似地震的声响。

控方提交指证辛普森杀妻的主要证据有以下五个方面：

一是在洛杉矶布伦特伍德南邦迪大道 875 号的第一案发现场提取的血迹中，DNA 检测结果显示与 O.J. 辛普森在警察局所抽取的血液样本相符。此外，在罗金厄姆庄园发现的右手手套上，检测出混有 O.J. 辛普森和两名受害人的血迹。

二是在罗金厄姆庄园前停放的野马车上发现了受害人罗恩·戈德曼的血迹。在搜查罗金厄姆庄园时，于主卧床前的地毯上发现的一双男袜上，检测出 O.J. 辛普森的血滴，其中一只袜子上还沾有受害人妮可·布朗的血滴。

三是案发当晚，负责送 O.J. 辛普森去机场的司机艾伦·帕克证实，O.J. 辛普森有作案时间。12 日晚，O.J. 辛普森原定乘坐飞往芝加哥的航班，起飞时间为 23 点 45 分。当帕克于 22 点 35 分到达罗金厄姆庄园并按门铃时，无人应答。直到 23 点 15 分，他才接上 O.J. 辛普森前往机场。而负责解剖两

名受害人尸体的助理法医官欧文博士推测，受害人的死亡时间约为 22 点 15 分。据此时间推算，O.J. 辛普森完全具备作案的时间条件。

四是洛杉矶"罗斯餐具商店"的老板证明，O.J. 辛普森在案发数周前曾在其店内购买了一把昂贵的"斯蒂勒特"牌折叠刀。根据欧文博士对受害者伤口的鉴定，作案凶器正是这种刀具。

五是在 O.J. 辛普森与妮可·布朗长达 7 年的婚姻期间，O.J. 辛普森曾有九次家庭暴力的记录。只是由于妮可·布朗没有遭受严重身体伤害的确凿证据，O.J. 辛普森才未受到警方的正式指控。

（二）辩方的反驳与证据

辩方团队对控方提出的证据进行了逐一有力的反驳，其反驳依据均来自辩方团队顶尖专家所提供的证据。

1. 关于血迹：少量的血液标本和案发现场的血迹中竟然含有防腐剂

辩方指出，6 月 13 日，O.J. 辛普森在洛杉矶警察局接受讯问后，警方从其身上抽取了 8 毫升的血液样本。经过对警方检测过程的详细追溯，辩方专家得出结论：检测过程中实际使用的血液量应仅为 6.5 毫升。那么，剩余的 1.5 毫升血液去向何处？

随后，李昌钰博士在警方提供的案发现场照片中发现了两滴颜色不同的血迹，它们同时滴落在地上。此外，通过对布伦特伍德南邦迪大道 875 号车道沿途血迹的 DNA 检测结果进行比较，辩方发现门上血迹的 DNA 鉴定结果存在异常。车道上的血液样本含有明显降解的 DNA，这意味着用于检测的血液质量较差、数量较少，只能采用不够精确的 PCR（聚合酶链式反应）检测技术。然而，后门上的血迹却含有更多完整无损的 DNA，因此可以使用更为精确的 RFLP（限制性片段长度多态性）检测技术。为何会出现这种情况？更令人费解的是，门上的血迹已在室外暴露三个星期，在这三周还经历了加利福尼亚炙热阳光的照射以及其他自然因素的影响。

对于上述关键问题，控方未能给出任何解答。

接下来，辩方对谋杀案发生当天警方拍摄的犯罪现场照片进行了仔细检查，发现 6 月 12 日拍摄的照片中门上没有任何血迹痕迹，而在 7 月 3 日拍摄的照片中，门把手上的血迹却清晰可见。此外，关于袜子上的血滴，辩方团队研究了洛杉矶警察局的原始备忘录，发现原始备忘录中并未提及在袜子上发现血滴，而数周后，警方才声称在袜子上发现了血迹。所有这些情况都令人震惊。更令人困惑的是，袜子内部有妮可·布朗的血迹，但地上和袜子外部却没有，血液是如何转移的呢？

"肯定有什么地方搞错了。"（Something Wrong.）

李昌钰博士这句话，就像"战斗口号"一样通过辩方团队传播开了。

DETENSE ATTORNEY JOHNNIE COCHRAN, right, shows Los Angeles Police Detective Tom Lange some documents Wednesday during the O.J. Simpson double murder trial. Cochran is trying to prove to the jury that detectives mishandled evidence during the investigation.

Detective acknowledges mistakes in collecting blood at crime scene　报纸报道法庭

此时，辩方取得了一项重大突破：他们将血液样本提交给了世界知名毒物专家弗雷德·里德。里德在布伦特伍德南邦迪大道 875 号一侧的后门、袜子以及其他相关地点提取的血液样本中，均检测出了乙二胺四乙酸（简称 EDTA）。乙二胺四乙酸是一种常用于实验室的血液防腐剂，主要作为抗凝血剂以保存血块。那么，这种物质为何会出现在这些血液样本中？

辩方大胆地提出了一种假设：或许有人企图栽赃陷害 O.J. 辛普森！

如果这一假设成立，那么问题是，嫌疑人究竟是如何获取 O.J. 辛普森的血液样本，并将其涂抹在"布伦特伍德南邦迪大道 875 号"一侧的后门上的？

辩方团队决定彻查此事。

根据警方的记录，6 月 13 日下午，警方一名叫斯塔诺·派拉提的采血人员抽取了 O.J. 辛普森的血液样本后，将装有血液样本的玻璃试管交给了菲利普·瓦纳特。瓦纳特将试管放在裤子后面的口袋里，驱车 20 英里赶到南邦迪大道的犯罪现场，并在现场四处走动，最后才将这管血液交给另一名技术专家。该技术专家随后将血液玻璃试管放置在汽车后备箱中，直到第二天才将其储存起来。在此过程中，出现了大量可能让"陷害者"作案的时间与空间。

辩方要求控方对上述问题作出必要的解释。

控方传唤了自己的 DNA 专家证人出庭，介绍此次检测的结论。这一次，DNA 匹配的相似度更高，概率已超过十亿分之一，这项证据堪称检方的"王牌"。然而，辩方获得了世界知名血迹专家赫伯特·麦克唐纳的支持。他在证词中指出，尽管这些血迹的 DNA 与妮可·布朗的 DNA 相符，但他认为袜子上血迹的位置和状态极为可疑。

随后，辩方团队向法庭展示了李昌钰博士在案发现场的发现，揭示了警方在收集血迹证据时犯下的多处错误：

在南邦迪大道犯罪现场的勘查中，李昌钰博士发现整个现场都遭到了极不专业的证据处理。为了接近尸体，在场的技术人员和警察使用浴巾擦掉了入口处的大量血迹，甚至随意在案发现场走动并踩踏那些血迹证据。他们还将手套、浴巾等物品随意放置在罗恩·戈德曼的尸体上。尤其令人遗憾的是，妮可·布朗当晚身穿一件轻质露背连衣裙，趴在公寓入口处的台阶前，而从警方提供的现场照片中可以清楚地看到，她的背上有多滴低速垂直落下的血滴。显然，这些血滴是某人站在妮可·布朗上方时滴落的，它们是嫌犯受伤后流出的血？还是沾有妮可·布朗或罗恩·戈德曼血液的凶器滴落形成的？由于警方未及时收集妮可·布朗背上的血迹，而是直接将她的尸体装入尸袋，这些宝贵的证据也随之消失。

李昌钰博士认为：正是这些永远无法得到解答的疑问，

使得警方的调查离真相越来越远。

辩方认为，根据李昌钰博士在案发现场的发现，相比物证处理方式的粗糙，从辛普森身上采集的8毫升血液中有1.5毫升下落不明更令人不安。再联想到犯罪现场发现的血迹中含有防腐剂，辩方团队有理由让陪审团相信，这些异常现象所反映的问题，已不仅仅是调查人员一时的疏忽，而是有人蓄意篡改血液证据，并在多个重要地点"滴洒"了被告人的血液，以此栽赃陷害O.J.辛普森，企图使他被定罪。

辩方依此推定，有人取走了那1.5毫升的血液，并将其滴在了袜子和手套上。

鉴于上述物证均由马克·富尔曼提供，而只有他最有条件接触到血液样本。在审判初期，F.李·贝利对马克·富尔曼进行交叉询问时，巴里·舍克还进一步推理：野马车上发现的罗恩·戈德曼的血迹也是马克·富尔曼蓄意栽赃陷害O.J.辛普森的结果。

尽管绝大多数律师，尤其是那些优秀的律师，都具备娴熟的交叉询问技巧，但站在证人席上的专家在其专业领域往往比提问的律师更为精通。辩方团队的巴里·舍克和彼得·诺伊费尔德两位专家在 DNA 领域的深厚造诣，是普通律师难以企及的。

辩方专家的证言，以及他们在血液证据方面付出的辛勤努力，成功揭示了制造这场巨大疑云的真相。这些疑云与真相显然已经渗透到法庭，并征服了陪审团，最终导致相关证据被判定无效。

洛杉矶警方从一开始就犯下的一系列无法挽回的错误，是导致这场庭辩失败的根本原因。

2. 关于时间问题

首先需要说明的是，以下被称为"狗证人"的冗长证词成为长期争议的焦点。这些证词对于确定妮可·布朗和罗恩·戈德曼的死亡时间至关重要，是推断 O.J. 辛普森是否有作案时间的关键，也是导致案件后续一系列事件时间争议不断的根源。

可以确定的是，几位邻居在晚上 10 点 15 分至 10 点 30 分之间的某个时刻，听到了妮可·布朗家秋田犬的狂吠声。

其中一位邻居向警方作证称，那条狗的叫声听起来像是带着哭腔。与大多数美国人在周日晚上一样，这些邻居中的大多数人都坐在家中观看有趣的电视节目。证人之一的巴勃罗·芬哈维斯（Pablo Fenives），他的房子位于妮可·布朗家后面往北约 60 码，与妮可·布朗的家同属一条巷子。当晚，大约 10 点 15 分，他在与妻子一起观看本地电视台新闻节目几分钟后，听见了一条狗带着哭腔的狂吠声。在听到狗"痛苦地悲吠"不久后，芬哈维斯下楼继续写稿。当他 11 点回到主卧时，发现妻子仍在看电视，而邻居家的狗仍在持续制造噪声。

　　另一位证人史蒂文·施瓦布是一位有抱负的编辑，他住在三个街区外的蒙大拿路一栋两层公寓内。施瓦布是一个习惯于按部就班的人，他喜欢在每晚看完《迪克·范戴克秀》重播后，牵着他的小狗出去散步。施瓦布每次散步都有固定的路线和时间，10 点 55 分时正好到达妮可·布朗家后面的小巷。这时，他看到一条秋田犬对着一栋房子狂吠。施瓦布估计这条狗可能迷路了，于是友好地走了过去。他发现狗脖子上拴着昂贵的项圈，但没有找到标签。他还注意到狗的四只爪子上似乎都粘着湿乎乎的东西。施瓦布带着秋田犬回到了自己的家，秋田犬很有教养地等候在施瓦布公寓外的台阶上。回到家的施瓦布立刻将秋田犬的事情告诉了自己的妻子。

施瓦布夫妇正在讨论如何安置这条秋田犬时，他们的邻居——舒克鲁·博兹泰佩走了过来。博兹泰佩和他的妻子同意将秋田犬带到他们的公寓过夜。然而，当夫妇俩带着秋田犬回到家中并关上门时，秋田犬却表现得异常焦躁，不断地挠门。于是，他们决定给秋田犬系上皮带绳，带它出去散步。这条狗带着博兹泰佩一路奔向南邦迪大道，最终停在了妮可·布朗公寓前的大门口。博兹泰佩随即让狗带着他沿着走道继续前行，走道又暗又窄，两旁种满了灌木丛。

这条似乎通人性的秋田犬，好像更想让博兹泰佩沿着走道再往前走一走。不久，博兹泰佩便目睹了令人震惊的一幕："我看到一位浑身是血的女士倒在地上"，他后来回忆道。

然而，更令人不安的是法医调查的种种失误。《迪克·范戴克秀》的重播时间固然重要，但这与案件的关键细节相比显得微不足道。对于控方来说，更为不利的是，汤姆·兰格承认在案件发生10小时后才联系法医官办公室。法医官办公室在提取妮可·布朗的血液后，不仅贴错了标签，还遗失了死者之一罗恩·戈德曼的胃内容物。这是一个无法弥补的错误。因为，当无法确定死者的确切死亡时间时，法医可以通过研究胃内容物来推断死亡时间，如果已知死者的就餐时间，那么对胃内容物的研究将更具参考价值。许多法庭科学著作都提供了不同食物的消化时间参数（例如，三明治需要1至2个小时，而较难消化的意大利面则需要4至6个小时等）。在随后的审判过程中，负责解剖两位受害人尸体的欧文博士修正了他对两名受害人死亡时间的估算。他根据科学推算，认为两人的死亡时间应该在22点15分至22点40分。这样一来，控方提出的第三项关键证据也被推翻了。

辩方团队通过大量事实证明了O.J.辛普森没有作案时间。

3. 关于那把昂贵的"斯蒂勒特"牌折叠刀

在得知O.J.辛普森曾购买过一把刀后，控方立即申请对O.J.辛普森的庄园进行第二次搜查，但未能找到该刀具。辩方律师随后也询问了O.J.辛普森关于刀具的问题，辛普森回应称，他确实购买过一把刀，但从未使用过，那把刀应该还放在主卧橱柜的顶部。根据辛普森的描述，乌尔曼申请再次搜查辛普森的庄园，并在警方的见证下找到了那把完好无损，仍装在原始包装纸袋中的刀。乌尔曼将这一情况报告给了洛杉矶法院，但控方要求对刀具进行检验。由于之前在血液证据上出现过问题，辩方不同意将刀交给洛杉矶警方检验。最终，控辩双方达成一致，决定聘请一位双方都信任的专家对这把至关重要的刀进行检验。

于是，他们联系了在物证鉴定领域享有盛誉的李昌钰博士。

"所有这些问题发生时，我正在西雅图'美国法庭科学协会年度会议'上发表演讲。我接到洛杉矶法院紧急通知，要我对一把'至关重要'的刀进行检验，以核实 O.J. 辛普森以及罗伯特·夏皮罗律师所说'刀没被使用过'的话是否真实。控辩双方均未反对由我担任法院指定的'验刀'专家，我感到非常荣幸。科学鉴定的目的在于发现事实真相，而鉴定结果最终将给人们带去什么，与鉴定者无关。

"我再次飞至洛杉矶。

"到达洛杉矶后，在法官的见证下我立即开始检查这把'至关重要、神秘的'刀。首先目测，刀还躺在包装纸袋中，还处于购买时的状态。打开包装纸袋，价格标签还贴在刀上，目测刀上没有发现任何肉眼可见的血迹或毛发组织。我又使用氰基丙烯酯熏蒸的处理方法，在这把刀上找到了 14 枚仅目测无法看到的指纹。控辩双方都未对这些鉴定结论有所质疑。德尔伯特·王法官当场把刀放入一个褐色的马尼拉纸袋，用证据胶带封上，然后交给即将主持预审的凯瑟琳·肯尼迪－鲍威尔法官。"

——《李昌钰工作记录》

后来，O.J. 辛普森案件被以各种文学和影视形式呈现给全球观众。其中，佩里·梅森所著的探案故事中有一个经典场景：凯瑟琳·肯尼迪－鲍威尔法官将一个"神秘的纸袋"放置在审判席上，曝光于数百万通过电视直播观看预审的观众眼前，这一幕将案件推向了高潮。"神秘的纸袋"的内容直到审判结束才被公之于众；其中关于这把刀"处于原始状态"的细节，从未向媒体透露过。在新闻媒体穷追不舍的案件审判中，这一点显得尤为难得。然而，现实生活中并不会以如此戏剧化的方式呈现，真实的情况是，后来售出这把刀的这家餐具店以 12 000 美元的价格将所见所闻出售给了一家市场小报。这导致无数电视台和报社纷纷联系李昌钰博士，希望他有偿透露"神秘的纸袋"的具体内容，但都被李昌钰博士一一回绝。一位鉴识专家的职业操守绝非金钱所能衡量。

当然，这一切都是后话。在得知刀具从未被使用后，控方选择以转移视线的方式放弃了这件物证。至此，控方的第

四项证据也被否决了。

"其实，整个审判的基调在最初的预审阶段即已确立。关于这个'神秘的纸袋'的争论，控辩双方言辞激烈，甚至进行人身攻击，尖酸刻薄的对话主宰了此后又持续了十几个月的诉讼。诉讼制造了许多戏剧性的场面，有些甚至关乎各自律师的种族。而所有这些几乎都以现场直播形式被媒体进行了报道。在我看来，这种个人恩怨并不利于正义与公正的实现。虽然，我们的法律系统是由人来推动的，他们对处于对立一方的角色怀有强烈的情绪无可厚非，理所当然。"

——《李昌钰工作记录》

4. 关于 O.J. 辛普森家暴

控方指出，在 O.J. 辛普森与妮可·布朗长达七年的婚姻中，O.J. 辛普森曾多次对妮可·布朗实施家庭暴力。尽管妮可·布朗保存了一些身体严重受伤的证据，但她并未就家暴正式起诉 O.J 辛普森，导致 O.J. 辛普森未因此受到指控。但妮可·布朗的日记记录显示，正是 O.J. 辛普森多次的家暴行为最终导致了他们的离婚。

辩方反驳称，O.J. 辛普森在 1977 年，即与第一任妻子离婚前两年便已结识妮可·布朗，当时妮可·布朗是贝弗利山庄一家俱乐部的女招待。辛普森对她一见钟情，并迅速发展出婚外情，不久后两人开始同居。两年后，O.J. 辛普森与第一任妻子离婚。1985 年，在同居八年后，O.J. 辛普森与妮可·布朗正式结婚。尽管婚后两人因激烈冲突而离婚，但 O.J. 辛普森始终未与妮可·布朗彻底分开，并未真正放弃这段感情。

辩方提出来的证据有以下几点：

第一，离婚时 O.J. 辛普森对妮可·布朗的慷慨程度令人瞩目。在离婚时，O.J. 辛普森位于西好莱坞的豪华住宅价值高达 1000 万美元，而他过去五年的平均年收入约为 110 万美元。然而，他每月支付妮可·布朗生活费，并额外提供两个孩子的抚养费用。妮可·布朗搬离 O.J. 辛普森的豪宅后，入住了距离 3 公里外的一幢价值 70 万美元的住宅，这栋房子同样由 O.J. 辛普森购买但用于出租。此外，妮可·布朗还保留了 O.J. 辛普森为她购置的意大利法拉利名牌轿车。

第二，离婚后 O.J. 辛普森不断创造机会，试图与妮可·布朗破镜重圆。尽管离婚后 O.J. 辛普森的生活条件优渥，身边不缺女伴，但他依然无法忘怀妮可·布朗。他经常拜访妮可·布朗的住宅，并为双方复婚精心策划。在案件发生五个月前，即 1994 年 1 月的美国橄榄球超级碗大赛期间，O.J. 辛普森还与妮可·布朗及两个孩子一同前往佛罗里达州的一艘豪华游艇度假，两天的花费高达 1 万美元。

第三，O.J. 辛普森甚至停止与其他女性的交往，以实际行动取悦妮可·布朗，并向她作出了承诺。尽管妮可·布朗对 O.J. 辛普森的真实意图以及他是否真心希望破镜重圆并不明确，但在他们的女儿有演出时，妮可还是通知了 O.J. 辛普森。

辩方认为，这些证据极具说服力地证明了 O.J. 辛普森不可能因嫉妒或愤怒而杀害妮可·布朗。

最终，伊藤法官作出了一项对控方有利的裁定，即对于 O.J. 辛普森实施家庭暴力的前科记录，只要控方能够证明与本案有关联性，即可使用；而伊藤法官也作出了一项对于辩方有利的裁定，即妮可·布朗在日记中记载因"家暴"导致离婚属于传闻证据，不得采纳。

（一）带血的手套和发现手套的人

手套是控方极为关键的证据之一。它由侦探马克·富尔曼于 13 日凌晨在罗金厄姆庄园的"第二案发现场"发现。控方指出：O.J.辛普森右手中指有疑似刀割的伤痕，而手套中的右手那只也沾有血迹。控方据此认为，这副手套充分证明了O.J.辛普森行凶时曾戴着手套。与此同时，警方调查人员在 FBI 的协助下证实：1990年 12 月 18 日，妮可·布朗曾在纽约一家高档商店购买了两副特大号皮手套，且品牌与现场发现的手套相同。根据该领域专家的证词，这种尺码的手套罕见。

在庭审中，这两只（一副）手套作为

重要证据被提交至法庭，它们分别来自两个不同的案发现场。

辩方则向法庭提交了一份马克·富尔曼多年前的录音带，其中包含大量种族歧视言论。此外，辩方还提出动议，要求查阅马克·富尔曼在军队服役期间及在洛杉矶警察局任职时的档案。

辩方质疑：控方声称手套中的一只由马克·富尔曼于 13 日凌晨在罗金厄姆庄园现场发现，那么控方如何解释这只手套出现在该地点的原因？如果 O.J. 辛普森在 12 日晚上 11 点前将手套丢弃在那里，而早晨 6 点被发现时手套仍然潮湿，那么手套上理应留有大量血迹。然而，手套周围的干枯树叶和干燥地面上却没有任何血迹，这又该如何解释？

尤为关键的是，顶级物证鉴识专家李昌钰发现手套具有里外两层结构。目前仅手套外层皮面沾有血迹，而里层则未见血迹。对此，控方能否解释：O.J. 辛普森是如何在戴着手套持刀作案的情况下，既未割破手套内外两层，又割伤了自己的手指？难道 O.J. 辛普森是摘下手套作案，割伤手指后再戴上手套的吗？

最终，伊藤法官作出了一项有利于控方的裁定：允许将手套作为证据采纳。同时，法官又作出了一项对辩方有利的裁定：允许将侦探马克·富尔曼的种族主义言行作为证据采纳，但辩方需证明其与本案的关联性。然而，辩方要求查阅马克·富尔曼在军队服役期间及在洛杉矶警察局工作时的档案，却未获得伊藤法官的支持。

此时，这些裁定显得尤为重要。

尽管比尔·霍奇曼和马西娅·克拉克都决定不让O.J.辛普森试戴这副手套，但克里斯托弗·达登却提出让O.J.辛普森当庭试戴。于是，法庭上出现了令人震惊的一幕：O.J.辛普森竭尽全力，也无法将他的大手塞进那双明显比他手小得多的手套里。

法律界有一句古老而经典的格言："未明答案之前，切勿发问。"

作为辩方重要律师的约翰尼·科克伦在总结陈词中慷慨激昂，超常发挥。他充分利用了控方所犯下的一系列失误，为辩护增添了强有力的论据。

（二）比尔·霍奇曼离开法庭

然而，正值关键时刻，控方却遭遇了一次重大挫折。

1月25日晚，比尔·霍奇曼和马西娅·克拉克在地区检察官吉尔·加西堤的办公室讨论审判事宜时，霍奇曼突然感到胸部剧痛。他试图站起来活动以缓解不适，但疼痛并未减轻。在吉尔·加西堤的建议下，霍奇曼被救护车紧急送往加利福尼亚医疗中心。医生诊断发现，他出现了心律不齐的症状，因此霍奇曼不得不入院治疗。尽管他很快恢复了健康，并能够重返工作岗位为案件继续努力，但他在法庭上的职责却因这次健康问题而被迫终止。比尔·霍奇曼以冷静和克制著称，是与马西娅·克拉克在法庭上合作的理想人选。霍奇曼的离开无疑是控方的一大损失。克里斯托弗·达登接替了他的位置，成为克拉克的新搭档律师。

马西娅·克拉克因瓦纳特在13日早晨的一通电话而介入辛普森案，这对辩方来说似乎是个不祥之兆。克拉克居住在邻近的格兰岱尔市，是庞大的洛杉矶地区检察官办事处中一位极具前途的检察官。她是一个不折不扣的工作狂，研究刑事案件甚至成为她的业余爱好。此外，她还是一位富有进取心、敏锐且富有策略的律师。鉴于瓦纳特提前向她透露的信息，克拉克积极寻求扩大她在案件中的影响力，并不断调整力量对比。而作为克拉克的直接上司，比尔·霍奇曼是洛杉矶地区检察官办事处的行动主管。作为刑事部门的负责人，霍奇曼不仅是一位出色的律师，还富有同情心，对人性有着深刻的理解。他似乎是克拉克充满激情的工作方式的最佳平衡者。

（三）O.J. 辛普森的头发样本

在预审阶段，控方要求获取 O.J. 辛普森的头发样本，以便与从布伦特伍德南邦迪大道 875 号现场提取的、滑雪帽上的头发进行比对。这一争议将奠定后续审判的整体基调。辩方律师罗伯特·夏皮罗引用了李昌钰博士的观点，认为控辩双方各采集 3 根头发样本已经足够。这一数量对于马西娅·克拉克提出的显微镜下比对要求而言，已然绰绰有余。然而，辩方怀疑控方可能另有他图。凯瑟琳·肯尼迪 – 鲍威尔法官表示愿意下令采集总共 10 根头发，认为这个数量已经足够充分。但马西娅·克拉克仍坚持增加样本数量，并传召了控方专家。在罗伯特·夏皮罗的交叉询问下，这位专家暴露了问题：他最近 7 年一直从事行政工作，并未紧跟法庭科学领域的最新发展。经过激烈的争论和时间的消耗，法官最终裁定头发样本数量为"40 根以上，100 根以下"。

在辩方看来，这不过是控方黔驴技穷、故意提高要求的表现。确实，在这一系列的对抗中，控方明显处于下风。

（四）大陪审团制度

然而，控方手中握有一张重量级王牌——辛普森案将于6月17日（周五）提交至位于洛杉矶法院大楼的大陪审团。大陪审团由24名普通市民组成，仅听取控方对O.J.辛普森的指控事实和依据。由于被告及其辩护律师均不在场，辩方无法在法官主持下对控方证人进行交叉询问。因此，控方无须提交所有证据，也不必采取任何特殊策略，即可让大陪审团接受对O.J.辛普森两项谋杀罪名的指控。这种方式无疑是控方将被告人送上审判席的最佳策略。

相比之下，预审程序可作为大陪审团程序的替代方案。在O.J.辛普森的辩方团队看来，这是一种更为公平的法庭程序。预审程序全程由法官监督，辩方有权对控方证人进行交叉询问，从而更好地保护O.J.辛普森。在这种抗辩式的听证会上，控方将不得不采取某些法律策略，以确保顺利度过整个审判过程。

在马西娅·克拉克的领导下，控方获得了这一前所未有的良机。

大陪审团的调查持续了数天。在其中一天的审议中，一位年轻女证人声称，在那个星期天晚上10点30分左右，她驾车从南邦迪大道向罗金厄姆大道高速行驶时，看到了 O.J. 辛普森驾驶着那辆白色野马车。然而，克拉克放弃了这位女证人，原因是她在接受一家小报式电视节目和报纸采访时收受了 7600 美元（一说 5000 美元）。考虑到这一行为可能带来的后果，克拉克最终选择放弃这位证人。这一决定看起来就像在控方的道路上设置了一道限速路脊。

然而，此时发生了一件对控方有利的事情。1993 年 10 月妮可·布朗两次急促甚至歇斯底里地拨打 911 报警电话的录音，在 6 月 22 日被洛杉矶检察官办事处泄露给了媒体。妮可·布朗在电话中充满恐惧和惊慌的声音，深深抓住了全国听众的心。民意调查迅速显示，录音的播出急剧扭转了民意——原本有 60% 的人认为 O.J. 辛普森无罪，而现在有 60% 的人认为他是有罪的。

十二、预审

（一）解散大陪审团改走预审程序的动议

　　辩方迅速察觉到了这一情况，并立即展开反击。他们指控录音泄露将对大陪审团陪审员产生不当影响。身处圣何塞的杰拉尔德·F.乌尔曼与当时正在以色列出差的艾伦·德肖维茨联手起草了一份动议（这仅仅是他们后续将提出的数百条动议中的第一条），要求解散大陪审团，并立即将程序转为预审。他们主张，至少应允许辩方询问大陪审团陪审员，以了解他们此前对本案了解的程度。民选的洛杉矶地区检察官吉尔·加西堤的言论更是火上浇油，他公开表示O.J.辛普森可能会承认误杀。与此同时，主持法官私下对大陪审团陪审员进行了调查，发现的确有数名陪审员听过妮可·布朗的报警电话录音。此时，控方开始动摇，主动提出了解散大陪审团并改走预审程序的动议。

法官接受了双方达成的这一动议，于6月24日解散大陪审团，于6月30日召开预审。辩方取得了一次重要突破，种族问题和公众舆论被推到了诉讼程序的前沿，而诉讼本不应受其左右。法律界有一条格言，即大多数审前公开对控方有利，而对辩方不利。然而，这一次，辩方的迅速反击取得了意想不到的效果。经过为期一周的法庭听证会，加州最高法院法官裁定，现有证据足以对O.J.辛普森谋杀指控进行审理。在6月23日O.J.辛普森第二次出庭时，他以自信且藐视法庭的态度为自己辩护："我，绝对，百分之一百无罪！"

（二）关于马克·富尔曼侦探

关于马克·富尔曼侦探在本案中的角色与证词，争议不断。

菲利普·瓦纳特侦探声称，他曾要求马克·富尔曼离开南邦迪大道的犯罪现场，并陪同他前往罗金厄姆庄园协助调查。然而，马克·富尔曼在后续证词中表示，菲利普·瓦纳特之所以叫他同行，是因为瓦纳特不清楚罗金厄姆庄园的具体位置，而富尔曼应当为他们引路。更重要的是，富尔曼作

谁杀了辛普森前妻

证称，他发现那辆白色福特野马车停放得"非常随意"，车尾和车头均超出停车线1英尺。但杰拉尔德·F.乌尔曼随后出示了侦探们抵达罗金厄姆2小时后拍摄的照片，照片显示野马车停放得很规整。此外，富尔曼在作证时还提到，他看到驾驶位一侧车门上有一些污渍，由"3或4条红色线状污渍"构成。然而，后来的演示明确证明，当车门关闭时，根本无法看到富尔曼所描述的那些污渍所在的位置。而富尔曼声称，正是因为看到了这些污渍，他才决定用手电筒查看车内。

除了上述未能被证据支持的证词，马克·富尔曼过往的种族歧视劣迹也在审判中浮出水面，并成为焦点。

预审持续了6天，传召了21名控方证人，大部分时间和主要争议都围绕这些问题展开。其中一个重要争议涉及"合理的根据"，即菲利普·瓦纳特与其他侦探在未获得搜查令的情况下，是否有权进入并搜查O.J.辛普森的房子和野马车。美国宪法第四修正案规定了"正当程序"和相关保护措施。如果裁定搜查非法，那么在罗金厄姆庄园获取的所有证据都应视为不可采信。杰拉尔德·F.乌尔曼提出了一个极具学者风范的动议：要求撤销案件。

凯瑟琳·肯尼迪－鲍威尔法官在听取这些争议后，拒绝作出这一重大程序性裁定，而是将决定权交给了兰斯·伊藤法官。

伊藤法官最终作出了对控方有利的裁定，允许提交那次搜查时获取的证据，并坚持认为警方有权进入那些地方。其依据是布伦特伍德南邦迪大道 875 号的现场血液证据，以及警方所宣称的保护罗金厄姆庄园潜在被害人的目的。

辩方未能抓住这次特殊的决胜机会。

7 月 8 日，凯瑟琳·肯尼迪－鲍威尔法官下令以两项谋杀罪名传讯 O.J. 辛普森。

十三、
最终裁决

（一）决战前的最后一次较量

6个月的时间匆匆而过，辩方团队夜以继日地工作，追查所有可能的线索，准备迎接 1995 年 1 月敲响的第一声法槌。

辩方团队在对控方证人进行交叉询问时提出了 10 项重要问题：

（1）丹尼斯·冯在审判中的陈述与大陪审团解散前所作的陈述存在明显矛盾。

（2）控方采集血液样本的程序以及每件样本的采集主体均受到质疑。

（3）为何警方调查人员未提取在罗恩·戈德曼尸体附近发现的那张白纸？

（4）是谁将毛毯盖在妮可·布朗身上的？这床毛毯来自妮可·布朗的公寓，而

O.J. 辛普森经常出入该公寓，毛毯上的纤维与在她尸体上发现的证据之间可能存在交叉感染的风险。

（5）妮可·布朗母亲的眼镜和信封是在罗恩·戈德曼的尸体被从它们上面拖拽过去之后才发现的，还是一开始就位于尸体旁边？

（6）在法医离开现场之前，为何警方调查人员没有收集任何证据？

（7）为何会使用错误的程序来搜集现场物证？

（8）在尸体解剖期间，为何不提取并保持重要的生物检材，例如死者胃中的食物？

（9）为何在显现布伦特伍德南邦迪大道 875 号犯罪现场鞋印时，没有使用化学增强技术？

（10）为何刑事专家和其他侦探没有注意到 O.J. 辛普森房间地毯上那双袜子上的血迹？

在批评了洛杉矶警察局关于犯罪现场的处置程序后，辩方开始聚焦一个更为严重的问题：警方首先在布伦特伍德南邦迪大道 875 号一侧后门发现的血迹，直到案发三周后的 7 月 3 日才被收集，而这一细节却出现在侦探马克·富尔曼的备忘录中。在直接询问中，丹尼斯·冯仅承认自己不清楚为何会错过这处污渍，而它恰好位于门把内侧——凶手很可能就是在这里打开的门。控方在开场陈述中宣称，他们掌握了"堆积如山的证据"，足以证明O.J.辛普森的罪行。然而，当辩方结束开场陈述时，巴里·舍克在这个问题上似乎占据了上风。他指出，来自后门和袜子上的血液，以及其他一系列证据，似乎给控方带来了"堆积如山的问题"，也给陪审团带来了"堆积如山的疑惑"。

（二）撼动整个诉讼的最后一枚炸弹

在控方举证阶段，辩方律师F.李·贝利对马克·富尔曼的种族立场展开了密集的交叉询问。马克·富尔曼的回答简洁明了，他坚称自己从未发表过种族诋毁言论，也未曾在执法过程中采用种族歧视手段。然而，这一说法遭到了辩方证人凯瑟琳·贝尔的质疑。她声称自己和其他人都亲耳听到马克·富尔曼发表过种族歧视言论，这些言论分别出现在她曾工作过的潜艇部队征兵站和当地一家酒吧。面对这些指控，马克·富尔曼表现得异常冷静，以至于贝利一度倾向于淡化种族主义指控。然而，7月至8月间，另一位辩方证人劳拉·麦金尼站了出来，她曾录下与马克·富尔曼的对话。法庭当庭播放了这些录音，人们可以清晰地听到马克·富尔曼亲口承认自己曾有严重的种族歧视行为。这些对话后来被劳拉·麦金尼写入为电视系列节目所撰写的脚本中。

作伪证是一种犯罪行为。最终，马克·富尔曼以"可能自证其罪"为由，依据宪法第五修正案规定的权利，拒绝作证。

控辩双方均已完成举证和质证。1995 年 9 月 26 日，辩论总结正式开始。巧合的是，本次审判陪审团的遴选也正是在一年前的这一天开始的。

（三）辩方最后的陈述

约翰尼·科克伦俨然已成为首席辩护律师，他提交了辩方总结陈词中的第一份。显而易见，在审判初期，他便已确立了这一地位。然而，一年前有人预言巴里·舍克将递交第二份总结陈词，这一预言最终被证明是一次精准的远见。

约翰尼·科克伦已赢得了陪审团的信任。在总结陈词中，他深入探讨了案件的关键问题，并以非凡的魅力实现了自我突破。他接连抨击警方的失当行为，强烈谴责马克·富尔曼的种族歧视行为，指出这些行为给案件调查蒙上了阴影。在陈词的结尾部分，他着重阐述了 O.J. 辛普森的手无法戴进案发现场发现的手套这一事实，这一论述给许多观众留下了难以磨灭的印象。他反复强调："如果手套不合手，你们就必须宣告他无罪。"

约翰尼·科克伦还提出了另一个更为有力的论点，几乎置控方于绝境："如果信使不可信，那么务必警惕他们传递的信息。"

如果说约翰尼·科克伦的总结陈词极具煽动性，那么巴里·舍克的总结陈词则展现出缜密的思维和强大的逻辑性。

巴里·舍克的陈词紧随约翰尼·科克伦之后，其目的在于削弱控方的法庭科学证据。

巴里·舍克指出，洛杉矶警察局制造了"一个肮脏的污水池"，在 O.J. 辛普森卧室地面的袜子和布伦特伍德南邦迪大道 875 号公寓后门上提取的血液证据中发现了抗凝血剂问题。他不仅严厉批评了控方，还强调这两处血液证据都是在案发数周后才被发现，直接揭露了有人伪造了 O.J. 辛普森谋杀案的证据。

巴里·舍克还引用了李昌钰博士的调查结论和感受——"Something Wrong"。

然而，李昌钰博士并未因此而感到愉悦。

双方陈述完毕，案件进入了最关键的时刻。

O.J.辛普森谋杀前妻案曾在美国公众和新闻界掀起轩然大波。经过一年多的审理，陪审团在分析了113位证人的1105份证词后，即将作出最终裁决。1995年10月3日上午，从美国总统到普通民众，约1.5亿美国人停下手中的工作，密切关注着电视直播。欧洲多家电视台也同步转播了这场判决实况。

上午10点07分，洛杉矶高级法院正式宣布：陪审团裁定，O.J.辛普森被控杀害前妻及服务生的两项一级谋杀罪的罪名因控方证据不足未能成立，陪审团一致裁定O.J.辛普森无罪。然而在1997年，民事法庭裁决O.J.辛普森对两人的死亡负有赔偿责任，需赔付3350美元。

（四）不同的心情

法庭上，被监禁了九个多月的O.J.辛普森如释重负，轻叹一声，笑容满面地与律师们拥抱庆祝。而妮可和戈德曼的亲属则失声痛哭，首席检察官马西娅·克拉克和控方律师呆坐在一旁，满脸失落。

作为O.J.辛普森案件中至关重要的刑事鉴识专家，李昌钰博士只是淡淡地扫了一眼法庭，内心却毫无喜悦之情。

洛杉矶法庭外，支持O.J.辛普森的人群爆发出欢呼声，

而大多数白人对此判决感到震惊和错愕。甚至连克林顿总统都亲自呼吁公众尊重陪审团的裁决。

这场始于 1995 年 1 月 24 日的审判，历时 9 个月，其间陪审团被隔离了 264 天。他们听取了控方 99 天、辩方 54 天的证词，共涉及 126 名证人。法庭查阅了 500 份文件，处理了控方提交的 388 件证物和辩方提交的 369 件证物。在历经 20 名出庭律师的激烈辩论后，案件终于落下帷幕，却给世界留下了无数未解的谜团。

那么，究竟是什么原因让案件离真相越来越远了呢？

30 年后（2024 年）的一天，国际著名刑事鉴识专家李昌钰博士应邀到得克萨斯州演讲，一位退休刑警在他下榻的宾馆大堂一连等了几天。退休刑警希望李昌钰博士能和他谈谈，当年查验 O.J. 辛普森案件证据的过程。李昌钰博士说："O.J. 辛普森可能涉案，但绝不可能是 O.J. 辛普森一人所为。因为我在现场发现了两组鞋印，并且提供给了洛杉矶警方。但警方一意孤行，没有听取我的意见，甚至表示另一组根本不是鞋印。"

……

"O.J. 辛普森案件结束了，但是我却丝毫没有和辩方团队其他成员一样有愉悦感。我没有参加他们的庆祝宴会，也没有接受辩护团队的表彰。在任何案件中'法庭科学家必须永远保持中立，仅提供物证鉴定结果'。这一准则在辛普森案件中得到了坚守，对这一准则的坚守才是这次审判的最终胜利。

"案件从开始就分成两派，一派认为O.J.辛普森是真正的嫌犯，只是因为陪审团的大部分是黑人，所以他能够脱罪。而后边的两件民事持枪抢劫案，因为陪审团都是白人，所以黑人被判重刑。另一派则认为从收集到的很多证据，包括O.J.辛普森儿子当天在餐馆工作的电子打卡（出勤）记录，以及他前女友的证词，认为O.J.辛普森可能牵案。

"关于O.J.辛普森案件，很多人问过我的意见，我说我以我鉴定的物证结果说话。因为我们鉴识人员不是陪审团，也不是法官。最后的判决是陪审团听证之后决定的。在O.J.辛普森去世后，媒体重访了当年的陪审团，陪审团还是认为他们不是因为种族原因裁决O.J.辛普森无罪，而是由于检方证据不足，警察搜证欠缺，特别是有很多物证来源不明。

"最近又有人来找我，提出很多新证据,希望能证明O.J.辛普森的大儿子杰森是真凶。

"然而，这一切意义又何在呢？"

——《李昌钰工作记录》

2025 年 2 月 6 日完成初稿

2025 年 2 月 8 日第一次修改

2025 年 2 月 12 日第二次修改

2025 年 2 月 23 日定稿于美国夏威夷

谁杀了艾伦·谢尔曼

2

案发时间	案发地点
1985 年 8 月 2 日	康涅狄格州尼安蒂克镇 (Niantic CT)

人物

艾伦·谢尔曼
(Ellen Sherman)
死者，38 岁

埃德·谢尔曼
(Edward Sherman)
即 Ed Sherman, 死者的丈夫，作家、
老师，42 岁

伦·弗雷德里克森
(Len Fredriksen)
报案人、埃德夫妇的朋友、艾伦·
谢尔曼曾经的情人、犯罪嫌疑人

西奥多·马蒂厄
(Theodore Mathieu)
艾伦·谢尔曼的朋友、犯罪嫌疑人

南希·普雷斯科特
(Nancy Prescott)
埃德·谢尔曼的情妇

迈克尔·马尔奇克
(Michael Malchik)
警探

芭芭拉·勒瓦利
(Barbara LeValley)
埃德夫妇的朋友

凯瑟琳·加尔文
(Catherine Galvin)
康涅狄格州首席法医

李昌钰博士
(Dr. Henry Lee)
著名物证鉴识专家、康涅狄格州
警察厅实验室主任

一、提前结束的海上帆船之旅

1985 年 8 月 2 日（周五）晚，康涅狄格州五位中年男性登上了一艘帆船。他们聚在一起，是要参加传统的一年一度为期一周的"海上帆船之旅"。

参加"海上帆船之旅"活动的人，都是在周五下午五点左右将准备好的一周"海上帆船之旅"用品装上车，然后与家人告别，登船，计划于周六清晨起航出发。

这次精心筹备了一年的"海上帆船之旅"活动，对这些平日里朝九晚五、周末难得闲暇的男人们来说，十分难得，一周的时间，白天在海上乘风破浪，夜晚在月光下悠然垂钓，光是想想就足以令人心驰神往，激动不已。

8月的大海向他们敞开了湛蓝的怀抱，船帆在风中鼓动，海浪轻轻拍打着船身，啤酒的泡沫在阳光下闪烁，钓竿静静等待着鱼儿上钩。伴随着无垠的天空和无拘无束的闲聊，这些暂时摆脱了生活束缚的中年男人，仿佛又重温了年少时那肆无忌惮的疯狂时光。

然而，船友们很快察觉到，平时特别活跃的埃德·谢尔曼似乎与以往有些不同。启航才两天，他不仅在行船的间隙频繁拿出手机给妻子打电话，甚至在喝酒和钓鱼时也不忘联系妻子艾伦。要知道，他过去可是即使在婚后也十分风流的人。那么，究竟是什么原因让这个风流成性的男人，开始如此眷恋自己年近40岁的妻子呢？

"埃德，你这是怎么了？平时你总是找借口离开家，这才刚出发，怎么就这么舍不得艾伦了？"

"埃德，你该不是故意装给我们看的吧？对了，你的另一位女朋友现在怎么样了？"

船友们都是彼此熟悉的朋友，因此开起玩笑来毫无顾忌。

"唉，过了40岁，是该收心了，更何况女儿都十几岁了。"埃德·谢尔曼感慨道，"再说，艾伦也是个很棒的太太。至于我为什么这次如此担心她？告诉你们一个让人嫉妒的消

息——我又快要当爸爸了。艾伦已经怀孕五个半月了，所以这次出来我自然格外不放心"。

船友们听到埃德的话，故意大声起哄，欢呼起来。

他们建议不要等到晚上，现在就拿出啤酒，好好庆祝一番。对于一群男人来说，任何一件小事都能成为他们把自己灌得半醉的借口，更何况现在有这么一个名正言顺、可以毫无节制地喝酒的机会。在一阵欢声笑语之后，船友们一致决定：这次，一定要钓一条大鱼，送给艾伦当礼物。

埃德·谢尔曼在船友们的一片祝贺声中显得格外开心。然而，他同时也流露出一丝担忧地告诉大家，他离家时，因为十几岁的女儿也和朋友出去旅行了，所以他特别叮嘱艾伦在假期这两天要多休息，并尽可能与他保持联系。但奇怪的是，艾伦不仅没有给他打电话，他试图联系艾伦时也始终无法打通她的电话。

"可能是船上的信号不太好，不过我刚刚请了一位朋友去家里看看。作为丈夫，对怀孕的妻子还是要多关心一些。"埃德最后说道。

船友们一边喝着啤酒，一边安慰埃德："放心吧，现在通信这么发达，如果真有什么事，你的朋友一定会马上打电话来的。如果没来电话，就说明一切正常。"也许是酒劲上来了，有个朋友半开玩笑地问："哎，去你们家的是男朋友还是女朋友？当心别引狼入室哦。艾伦在我眼里可是个大美女呢。"

"当然不会叫男朋友去。我请的是一位女性朋友，她叫芭芭拉·勒瓦利。毕竟艾伦是孕妇，万一有什么事，她也好帮忙。"埃德回答道。

大家都觉得，埃德说得非常有道理。无论以往曾经发生过什么，现在大家都到了一定年纪，不再做那些荒唐的事非常重要。大家都为埃德和艾伦感到高兴。听船友们这么一说，埃德也就放下心来。

这一晚，船上又多了一大堆空啤酒瓶，钓鱼的事反而都丢在脑后边去了。

半夜，海上帆船的无线电话突然响了起来，睡意正浓的船友们被吵醒了。

电话是海岸巡逻队警察打来的，他们要找埃德·谢尔曼先生接听，内容涉及他的太太。周围的船友们纷纷围住埃德，焦急地询问是不是艾伦生了。然而，当埃德接起电话，仅仅听了几句后，他的脸色就骤然变得苍白，整个人仿佛被定住了一般，呆立在原地。原来，他接到了一个令人震惊的消息：

警方通知他，他的妻子艾伦·谢尔曼被朋友发现死于他们的家中。得知与自己相伴 16 年且怀有身孕的妻子突然离世，埃德彻底崩溃了。他紧握着电话，一时说不出话来，随后身体一阵摇晃，电话从手中滑落下去。

原本因昨晚过量饮酒而有些昏沉的船友们立刻清醒过来，其中一位船友迅速拿起电话与海岸巡逻队保持联系。海岸巡逻队告知他们，需要帆船当前的准确位置，以便派遣直升机前来接埃德·谢尔曼上岸，处理这起令人揪心的突发事件。船友们迅速向海岸巡逻队提供了帆船的坐标，并协助埃德整理好他的个人物品，静静等待直升机到来，将埃德·谢尔曼接走。

埃德·谢尔曼的"海上帆船之旅"提前结束了。

埃德·谢尔曼的妻子艾伦·谢尔曼死于他杀，死因是被人勒颈导致的机械性窒息。

法医在她的颈部发现了深陷于皮肉的勒痕，其中两道勒痕呈现出"奇特花纹"，且

案发现场

Case Facts

Len found Ellen's (victim) body. Husband Edward Sherman called June (Ellen's friend) from the sailboat. He was concerned because he had been unable to reach his wife. He asked June to check on her. June asked Len to go to the house. Len was an employee of Ellen's and had also had an affair with her.

Jamie was the 8 year old daughter of one of Edward's sailing buddies. On Friday evening the group stopped at the Albright home before heading to Maine. Sherman asked to use the phone. Jamie listened on the extension as Sherman had what appeared to be a fake conversation. He said "We're leaving now ... good-by honey ... I love you too." On the other end Jamie heard nothing but a dial tone.

Stanley Mueller picked up Edward to go sailing. Originally the group was scheduled to leave at 10:00 P.M. At Sherman's urging the time had been moved up to 7:30.

相关说明

宽度较大，此外还有一道较细的勒痕，这些证据足以支持死因判断。

艾伦·谢尔曼一丝不挂地躺在床上，床单是紫色的。她微微侧着头，双眼紧闭。两条细长的弯月形黑色眉毛格外引人注目，眼皮上涂抹着紫色的眼影，下面是两排浓密的长睫毛。可以看出，她生前是一位非常注重外表的女士。

她的头向左微侧，上半身也向左微侧，小腹明显隆起，两个膝盖一前一后分开向左贴着床单，右腿向后蜷曲，左小腿耷拉在床边。

右床头摆放着叠得不太整齐的床罩，与床单同色。床上驼色的毛毯和白色的被褥凌乱地堆在艾伦·谢尔曼蜷曲的身体下方。她的右臂无力地垂在已无生命迹象的身体一侧，手呈半握拳状，但姿态放松。修剪整齐的大拇指指甲上涂着与床单和床罩同色的指甲油，无名指上则戴着钻石婚戒。

一个胸罩、一条衬裙和一条被撕得不成型的蓝色比基尼内裤被随意地扔在床下的地毯上。一条被扯断的项链散落在地，项链由白色为主的人造细珠穿编而成，其间间隔着黄、蓝、红、粉色的珠子。项链旁边还散落着一些从断裂处脱落下来的细珠。古铜色的耳坠，一只完好无损，另一只的吊坠与穿针已经分离。从穿针变形的形状来看，其脱落是由于曾受到外力拉扯所致。

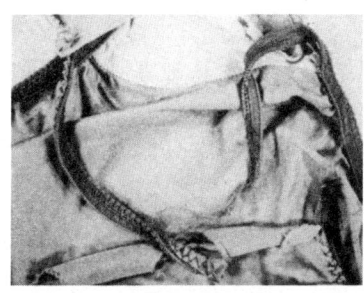

死者的内裤松紧带

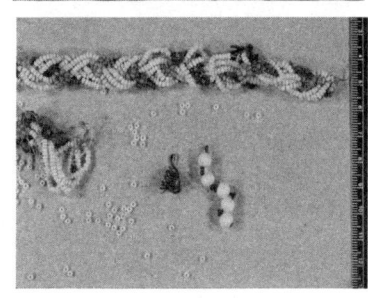

现场的项链

　　仅仅根据表面情况判断，嫌凶似乎是用艾伦·谢尔曼的胸罩勒死她的，因为胸罩的肩带在她的脖子上造成了线性勒痕。但是进一步观察，发现胸罩的肩带形不成奇怪的花纹，长度也不够绕艾伦·谢尔曼的脖子两圈。

　　负责艾伦·谢尔曼案件的迈克尔·马尔奇克警探已与康涅狄格州警察局取得联系。经过对犯罪现场及艾伦·谢尔曼尸体的详细检查，警方确认她是被一条带有"奇特花纹"的绳索勒颈致死。然而，进一步的尸检结果显示，艾伦·谢尔曼在被这条"奇特花纹"的绳索勒颈之前，已经停止了呼吸。

康涅狄格州首席法医凯瑟琳·加尔文对艾伦·谢尔曼的尸体进行了尸检，得出结论：艾伦从被害到被发现的时间间隔大约为24至36小时。这意味着埃德·谢尔曼的妻子艾伦·谢尔曼很可能是在周六晚间的某个时刻被谋杀的。

伦·弗雷德里克森是埃德·谢尔曼夫妇的朋友。他是在星期天接到他与谢尔曼夫妇共同的朋友芭芭拉·勒瓦利的电话，来到谢尔曼家看望艾伦的。而芭芭拉·勒瓦利是因为接到了正在海上进行"帆船之旅"的埃德·谢尔曼看望艾伦的委托电话，但她有事走不开，于是请伦·弗雷德里克森来看望艾伦·谢尔曼。

伦·弗雷德里克森曾是艾伦·谢尔曼的情人。他先尝试

案发现场 卧室

拨打艾伦的电话，但无人接听，于是驱车前往艾伦的家门口。他敲门许久，却始终无人应答。发现房门紧锁后，他撬开窗户进入屋内查看。当伦·弗雷德里克森走进卧室时，他首先感到卧室"冷得像冰箱一样"，"八月正值盛夏，卧室不该这么冷"，这个念头在他脑海中一闪而过。然而，更令人震惊的发现让他无暇顾及温度异常的原因——他看到艾伦·谢尔曼赤身裸体地躺在床上，已经没有了生命迹象。

伦·弗雷德里克森一时慌了神，他不知道是该先打电话给委托他来看望艾伦的芭芭拉·勒瓦利，还是打电话给艾伦

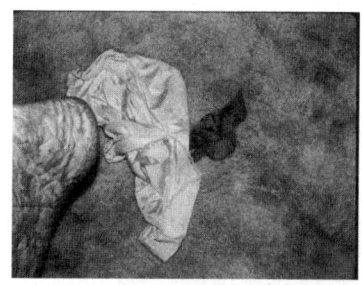

现场物证（内衣裤）

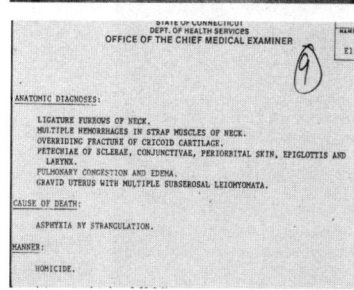

相关说明（尸检报告）

的丈夫埃德·谢尔曼。然后，伦·弗雷德里克森迅速恢复了冷静，并意识到当务之急是报警。于是，他小心翼翼地没有触碰艾伦卧室内的任何物品，果断地退出了房间，并立即拨打了 911 报警电话。随后，他一直守在艾伦卧室的门外，等待警察的到来。

然而，当他匆忙离开躺着艾伦尸体的卧室时，不知是因为紧张还是疏忽，伦·弗雷德里克森并未像之前那样将卧室的门紧紧关闭。当警察抵达现场时，卧室的温度已不如他初到时那般低，但第一批到达的警察中仍有人明显感觉到，卧

屋内餐厅

Crime Scene

Ellen Sherman was found on her bed, face up and nude. Two deep ligature marks were plainly observed around her neck. A third thinner abrasion mark on her neck seemed pressed into her flesh. To the side of her bed were torn, blue, bikini-style underpants which were stretched out of shape. To the side of the bed was a bra and white slip. The underpants showed no traces of blood or semen upon initial inspections.

When police arrived at the murder scene, the bedroom was at a normal summer temperature. The first witness and the paramedics had not kept the room closed.

相关说明（犯罪现场描述）

室内的温度比室外要低得多。甚至有人觉得，谢尔曼家的整栋房子都比外面的温度要低。

这一天是 8 月 4 日，正值当地一年中最炎热、最潮湿的季节。

三、
法医认定的死亡结论

由于案情特殊，警方成立了重案小组。

重案小组由迈克尔·马尔奇克警探负责。他们对艾伦·谢尔曼的死亡现场进行了初步勘查，并参考了第一批到达犯罪现场调查人员收集的各类证据：室内没有强行进入的痕迹，艾伦·谢尔曼死前也没有与人发生打斗的迹象；贵重物品均未丢失。迈克尔·马尔奇克警探初步判断，这是一起入室强奸谋杀案。凶手很可能是谢尔曼家的熟人，因为了解艾伦的丈夫不在家，便以某种借口进入谢尔曼家中，实施强奸后用一根带有"奇怪花纹的绳子"将其勒死。

按照程序，康涅狄格州首席法医凯瑟

琳·加尔文对艾伦·谢尔曼的尸体进行了解剖。她发现艾伦·谢尔曼除了颈项外部有三条"奇怪花纹"的勒痕，她的喉环状软骨骨折（喉骨被压断）。可以肯定，艾伦·谢尔曼的死因并非仅仅是被"奇怪的绳索"勒住导致窒息死亡。因为无论绳索勒得多么紧，都不足以造成艾伦·谢尔曼颈部环状软骨的骨折。值得注意的是，"颈部环状软骨骨折"通常需要极大的压力，这种压力是典型的机械性窒息死亡特征。

因此，凯瑟琳·加尔文得出结论：艾伦·谢尔曼的死因是有人先用手勒住了她的颈部（可能使艾伦失去了意识），随后又使用某种特殊的"绳索"紧紧勒住她的脖子，直至她没有任何生还的可能。

这无疑是一个极其残忍的杀手所为。

凯瑟琳·加尔文法医对艾伦·谢尔曼的尸体进行了详细解剖，尤其针对她的内脏进行了全面的化验分析。

凯瑟琳·加尔文法医在艾伦·谢尔曼的胃里发现了没有完全消化的"红海鲜酱意大利面"和蛤蜊、番茄酱。迈克尔·马尔奇克警探和重案小组的其他调查人员在谢尔曼家的冰箱里，也发现了装在打包盒里的同样食物。经核实，艾伦·谢尔曼于周五中午与三位同事在一家意大利餐厅享用了"红海鲜酱意大利面"。三位共餐的同事证实：当天用餐结束后，艾伦·谢尔曼将剩余的"红海鲜酱意大利面"打包带回了家。同事们回忆，艾伦·谢尔曼曾提到，她的丈夫即将出海旅行，因此她打算不做饭，继续食用中午打包的食物。

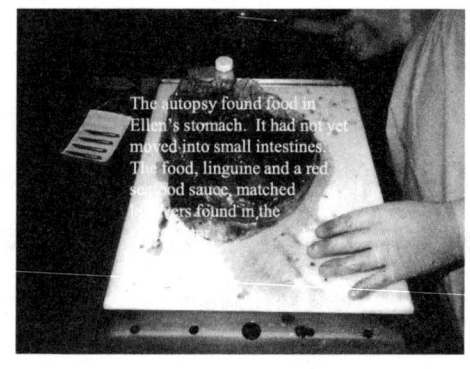

法医解剖的死者胃内残留物

迈克尔·马尔奇克警探和重案小组其他成员，根据凯瑟琳·加尔文法医提供的艾伦·谢尔曼由死亡引起的身体各种器官变化程度，推断出她被谋杀的时间应该发生在周六或者周日凌晨。

重案小组正面临一个极为棘手的案件：一切看似清晰明了，却又仿佛迷雾重重，令人捉摸不透。

经过反复分析案情，他们得出结论：杀害艾伦·谢尔曼的凶手并非通过撬门或强行闯入的方式进入室内，因为谢尔

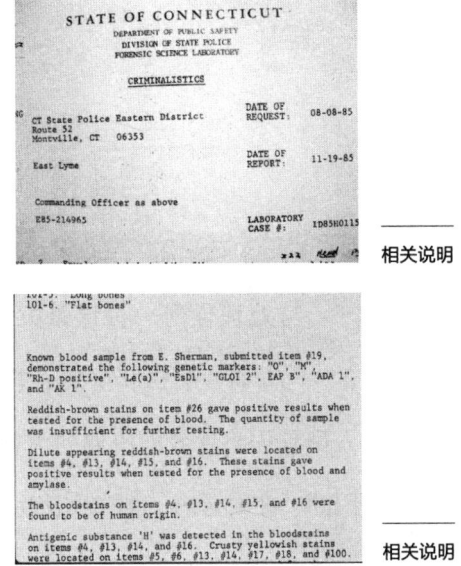

相关说明

101-5. "Long bones"
101-6. "Flat bones"

Known blood sample from E. Sherman, submitted item #19,
demonstrated the following genetic markers: "O", "M",
"Rh-D positive", "Le(a)", "EsD1", "GLOI 2", EAP B", "ADA 1",
and "AK 1".

Reddish-brown stains on item #26 gave positive results when
tested for the presence of blood. The quantity of sample
was insufficient for further testing.

Dilute appearing reddish-brown stains were located on
items #4, #13, #14, #15, and #16. These stains gave
positive results when tested for the presence of blood and
amylase.

The bloodstains on items #4, #13, #14, #15, and #16 were
found to be of human origin.

Antigenic substance 'H' was detected in the bloodstains
on items #4, #13, #14, and #16. Crusty yellowish stains
were located on items #5, #6, #13, #14, #17, #18, and #100.

相关说明

曼家中没有任何被强行进入的迹象。那么，凶手是否持有谢尔曼家的钥匙，趁她入睡后悄悄潜入作案呢？然而，谁会对一个孕妇怀有这样的恶意呢？此外，卧室内没有任何打斗的痕迹，这进一步表明，杀死艾伦·谢尔曼的凶手很可能是她认识的熟人。

那么，谁会这样做？

谁杀了艾伦·谢尔曼

四、

埃德·谢尔曼

完美的不在场证据

与处理任何一桩谋杀案一样，迈克尔·马尔奇克警探和重案小组的其他调查人员首先将死者的配偶列为首要嫌疑人。因此，在凯瑟琳·加尔文法医对艾伦·谢尔曼的尸体进行尸检的同时，他们展开了两项并行调查：一是对谢尔曼夫妇所有熟悉的朋友、居住地的邻居、两人的同事进行询问，以了解他们夫妇的生活、工作情况；二是对艾伦·谢尔曼被谋杀前最后接触的人员进行排查，以期发现任何有价值的线索，从而锁定可能谋杀艾伦·谢尔曼的嫌疑人。

重案小组迅速对谢尔曼夫妇的生活、工作状况以及夫妻关系展开了调查，并很快取得了进展。然而，他们却得到了两个版本截然不同的调查结果。

第一个版本显示，埃德·谢尔曼与艾伦于 1969 年结为夫妻。在镇上，他们被视为一对般配的伴侣。夫妻二人各有所长，艾伦·谢尔曼是出版商，而埃德·谢尔曼则在当地社区大学担任教授。两人除了艾伦腹中的男婴，还有一个时年 15 岁的女儿。

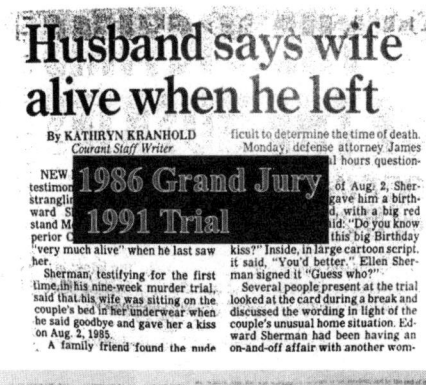

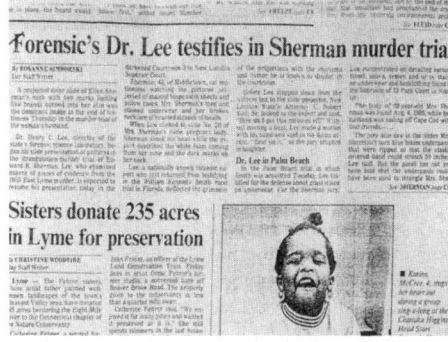

关于此案的报纸报道

尽管他们在外界面前似乎是社区典范夫妇，但他们的私生活却揭示了截然不同的真相。埃德·谢尔曼实际上是一个风流成性的人，他婚后私生活也极其混乱。

迈克尔·马尔奇克警探及其重案小组深入调查埃德·谢尔曼后发现，埃德风流不断，婚后还与一名叫南希·普雷斯科特的女性有染，并且两人于1984年育有一女。此事触及了艾伦的底线。艾伦不愿婚姻破裂，于是告诉丈夫埃德，希望他离开南希，两人再生一个孩子，以此重新开始。然而，南希并不同意结束与埃德的关系，反而希望埃德与艾伦离婚。作为一个对感情毫不专一的男人，埃德起初似乎很享受在两个女人之间周旋的生活。但艾伦毕竟是他的合法妻子，如今艾伦提出了要求，而南希又拒绝分手，埃德因此承受着来自两个女人的压力。不久后，艾伦·谢尔曼果然怀孕了。经过调查，重案小组发现，尽管埃德在这段时间被迫结束了与女同事的长期恋情，但夫妇二人经过五个半月的对峙，依然形同陌路。尤其是埃德对艾伦以及她腹中五个半月大的胎儿表现得并不热衷。

换言之，尽管艾伦·谢尔曼此前出于某种原因一直默默忍受着这种畸形的家庭关系，但怀孕后，她终于向埃德发出了最后通牒。尽管最终得到了一个结果，但埃德的态度却是极不情愿的。

重案小组由此了解到，埃德·谢尔曼具备谋害其妻子艾伦·谢尔曼的动机。

但是，真的是埃德谋杀了艾伦吗？

第二个版本中，社区大学教授埃德·谢尔曼与出版商艾伦·谢尔曼的婚姻，表面看似幸福，实则暗流涌动，充满了不寻常的波折和麻烦。婚姻中夹杂着诸多婚外情事件：埃德·谢尔曼不仅在婚姻期间参与聚众淫乱，还与女同事南希·普雷斯科特保持着长期的不正当关系。而艾伦·谢尔曼似乎出于报复或受埃德的"要求"，也与三个男人发生了短暂的婚外情，其中一位是夫妇共同的朋友，名叫伦·弗雷德里克森。然而，不久后，艾伦对这种生活感到厌倦，渴望回归正常。尤其当她得知埃德的情人为其生下孩子时，内心彻底崩溃。为了挽回家庭，艾伦经过深思熟虑，认为只有自己再次怀孕，才能重新点燃婚姻的激情。尽管埃德·谢尔曼表面上同意，但内心却极不情愿，也不相信他们还能有孩子。因此，当艾伦声称自己怀孕，并坚持要求埃德结束与情人的关系时，埃德·谢尔曼一边敷衍她，一边怀疑孩子并非自己的骨肉，这便成了他杀害艾伦的动机。

以上的推理，让重案小组不由得看到了破案的希望，特别是迈克尔·马尔奇克警探，他嫉恶如仇，极具责任心，自从目睹艾伦惨死的场景后，他便立下誓言，誓将凶手绳之以法。

埃德·谢尔曼作案的动机有了，但是作案的时间与方式呢？

与所有谋杀案一样，迈克尔·马尔奇克警探带领重案小组反复、细致地调查埃德·谢尔曼的行动轨迹。然而，这一次的情况与以往截然不同，因为埃德·谢尔曼拥有近乎完美的不在场证明。当艾伦·谢尔曼被谋杀时，有四名证人证实他当时正身处距离案发地数百英里的大西洋上，根本不可能连夜驱车作案，再制造不在场的假象后返回。不仅埃德·谢尔曼无法同时出现在两个地方，而且案发现场也没有任何物证能够将埃德·谢尔曼与受害者联系起来，除了他是受害者的丈夫这一事实。

埃德·谢尔曼甚至拥有法医所推测的艾伦被谋杀时间前一晚的不在场证据：他曾在朋友奥尔布赖特家中与妻子通电话，随后与奥尔布赖特一同驱车前往码头登船，共同参与了"海上帆船之旅"活动。

奥尔布赖特是这次和埃德·谢尔曼一起参加"海上帆船之旅"的船友之一。船友们约定，分两辆车从家里到达码头。而奥尔布赖特和埃德·谢尔曼因为从家到码头是同一个方向，于是周五晚上，埃德·谢尔曼先去了奥尔布赖特家接奥尔布赖特。奥尔布赖特夫妇作证，埃德·谢尔曼来到他们家以后，先是用他们家里的电话与自己的妻子艾伦·谢尔曼通了话，然后才与奥尔布赖特一起离开的。奥尔布赖特夫妇还听到了埃德·谢尔曼在电话里嘱咐妻子艾伦好好休息，以及"我爱你"之类的温情脉脉的话语。

　　总而言之，作为死者的配偶，埃德·谢尔曼本应是所有谋杀案中最值得怀疑的对象。然而，他那无懈可击的不在场证明，让迈克尔·马尔奇克警探及整案小组其他成员一筹莫展。

五、

伦·弗雷德里克森

　　暂时排除了艾伦·谢尔曼的丈夫埃德·谢尔曼的作案嫌疑后，迈克尔·马尔奇克警探与重案小组其他成员将注意力转向了报案人伦·弗雷德里克森，以及另一位嫌疑人——曾与艾伦·谢尔曼有过短暂情史的西奥多·马蒂厄。然而，西奥多·马蒂厄很快被排除在嫌疑人之外，因为那段时间他因心脏手术一直住院。医生表示，唯一可能让他作案的情况是有人协助他携带氧气袋和心脏起搏器。

　　而重案小组查明，报案人伦·弗雷德里克森与被害者艾伦·谢尔曼曾有过情人关系，这一情况在朋友中早已是公开的秘密，甚至连艾伦的丈夫埃德也知情。在迈克尔·马尔奇克侦探进行讯问时，伦·弗雷德里克森也坦承了此事。

迈克尔·马尔奇克与重案小组成员在调查伦·弗雷德里克森的过程中，还获得了一条重要信息：6月下旬，伦·弗雷德里克森曾透露，艾伦·谢尔曼在怀孕后，曾考虑与丈夫埃德离婚。艾伦·谢尔曼对婚姻感到无望，但她拥有一份稳定的工作，作为出版商，经营着一家效益颇佳的平面设计公司。如果离婚，根据州法律，她将获得房产和孩子的抚养费。然而，就在艾伦向伦·弗雷德里克森透露这一计划后不到两个月，她便遭遇了谋杀。

获悉这些信息后，伦·弗雷德里克森被重案小组正式列为重要嫌疑人。迈克尔·马尔奇克警探的斗志再次被点燃。

在重案小组对伦·弗雷德里克森的调查中，他们发现伦·弗雷德里克森其实已经成家，并且有孩子。如果伦·弗雷德里克森与艾伦的关系仅仅是游戏，他并不打算承担责任，而艾伦怀孕后考虑离婚是为了与伦·弗雷德里克森重组家庭，那么伦·弗雷德里克森是否会开始担心，离婚后的艾伦可能会逼迫他结婚？调查中还有人怀疑艾伦腹中的孩子极有可能是伦·弗雷德里克森的。

如果这一切属实，而伦·弗雷德里克森确实不愿承担这份责任，那么他是否可能因这段不正当的关系而杀害了艾伦？伦·弗雷德里克森的作案动机似乎已经浮现，但作案的具体时间和手段又是什么呢？

迈克尔·马尔奇克侦探与重案小组进行了如下可能性推理：

正当伦·弗雷德里克森绞尽脑汁，思索如何摆脱艾伦·谢尔曼的纠缠时，8月3日（周六），艾伦打来电话，声称她的丈夫本周与朋友出海，他们的女儿也恰好外出，她希望伦·弗雷德里克森能来家中与她约会。或许伦·弗雷德里克森本无意前往，但恰巧他与谢尔曼夫妇共同的朋友芭芭拉·勒瓦利也打来电话，委托他探望艾伦·谢尔曼。走投无路的伦·弗雷德里克森决定抓住这个千载难逢的机会。他来到艾伦·谢尔曼家中，先是佯装与她亲热，随后乘其不备，勒住她的脖子，将其杀害，接着伪造了现场，并向警方报案。这一次，重案小组似乎又看到了破案的曙光！

重案小组随即展开行动，要求对现场提交的物证进行仔细检查和分析，希望能在案发现场找到与伦·弗雷德里克森有关的证据。

遗憾的是，这一推断仍然没有获得有力的证据支持。出乎重案小组的意料，谢尔曼家所有收集到的指纹都属于他们的家庭成员。艾伦卧室的所有物品除了微量材料，都无法与谢尔曼夫妇以外的任何人有任何联系。尤其是在法医认定的艾伦被谋杀当天，甚至在案发前后的几天时间里，伦·弗雷德里克森都有和家人、同事、朋友在一起的证据。

重案小组又一次走入死胡同。

在长达五年的时间里，缺乏证据的重案小组始终陷在僵局中。尽管警探迈克尔·马尔奇克不愿放弃追查杀害艾伦·谢尔曼的凶手，但随着时间推移，案件逐渐被各方"冷落"，最终沦为一起真正的悬案。于是，重案小组在警探迈克尔·马尔奇克带领下决定背水一战，通过新伦敦市检察官办公室，力邀康涅狄格州警察厅实验室主任、著名物证鉴识专家李昌钰博士及其刑侦科学家团队参与艾伦·谢尔曼案件的侦破工作。

六、 让死者开口说话
——李昌钰博士实验室的新发现

根据美国法律规定，各地的案件由当地警察局负责处理。作为州警察厅的实验室，即使是著名物证鉴识专家李昌钰博士本人，若未获邀请，也无权介入本州或其他地区的案件。因此，在过去的五年里，李昌钰博士及其实验室始终未能参与艾伦·谢尔曼谋杀案的调查工作。如今，应新伦敦市检察官办公室的邀请，李昌钰博士及其科学家团队已对案件展开重新调查，并进行了现场重建。

1985年，47岁的李昌钰博士已在纽海文大学执教十年，并在康涅狄格州警察厅担任实验室主任近十年。他曾参与众多奇案、要案的物证鉴定工作。其实验室的高效运作，尤其是他在现场重建方面的卓越表现，使得他所在的机构成为全球许多重大案件争相咨询的中心。

五年来，重案小组积累的调查资料和卷宗堆积如山，杂乱无章。李昌钰博士带领他的科学家团队从头梳理，对每一个细微的线索都进行了精心的反复推敲和查验。作为经验丰富的法医专家，李昌钰博士对艾伦·谢尔曼一案中法医对死者死亡时间的判定产生了怀疑。在仔细审阅整个调查卷宗后，他发现两位重要的犯罪嫌疑人都有大量案发时不在现场的证人。那么，在排除了其他人作案的可能性后，李昌钰博士提出了一个关键问题：此前法医鉴定中认定的死者死亡时间是否准确？

李昌钰博士与迈克尔·马尔奇克警探，这两位在各自领域卓尔不群的人物，进行了一次次深入的讨论。迈克尔·马尔奇克警探心急如焚地对李昌钰博士说道："五年来，我尝试了各种方法，但案件似乎陷入了僵局。你是我最后的希望，也是我最后的依靠。每次我回到家，看到妻子和孩子，我就会想起艾伦和她肚子里五个半月大的胎儿。我一直在苦苦思索，一定是哪里出了问题，但我却无法找出症结所在。我真的不想放弃，但如果你这次也无法证明我们的失误所在，我也只能选择放弃了。"

李昌钰博士与迈克尔·马尔奇克警探曾多次合作，他深知这位警探的为人。若非真正走投无路，迈克尔·马尔奇克绝不会轻言放弃。此刻，千钧重担落在了李昌钰博士的肩上。

李昌钰博士及其实验室团队经过长时间的案件资料分析与筛选，最终调取了法医对艾伦·谢尔曼的解剖报告。在对艾伦胃部残留物进行分析时，他们发现其中包含完整的红海鲜酱意大利面、蛤蜊以及番茄酱。这一发现令实验室团队感到极为意外。通过反复仔细地分析，他们意识到对食物消化时间的推算可能存在问题。艾伦于周五中午与她的三名同事在当地一家餐馆享用了红海鲜酱意大利面（其中包含蛤蜊和番茄酱）。然而，根据法医认定的死亡时间，即周六或周日，艾伦被谋杀时，她胃中的意大利面、蛤蜊和番茄酱仍未完全消化。这显然有悖于常识。那么，如何才能准确计算出意大利面、蛤蜊和番茄酱在胃中消化的相对准确时间呢？

李昌钰博士组织实验室团队进行了实验。

他们从艾伦8月2日（周五）中午和她的三名同事用餐的餐馆买来"红海鲜酱意大利面"，请实验室的工作人员吃进肚里，再分别让他们于一小时、两小时、三小时后呕吐出来，进行观察、化验、分析。

实验确定，"红海鲜酱意大利面"以及面里的"蛤蜊、番茄酱"被人吃进胃以后，大约在 4 小时后就完全消化了。

这一发现，与最初法医确定艾伦·谢尔曼是在吃下"红海鲜酱意大利面"后 24 至 36 个小时 (周六下午晚些时间或周六晚) 的死亡时间不一致。

李昌钰博士和他的实验室科学团队成功"让死者开口说话"——艾伦·谢尔曼用她胃中的食物证明：她是在周五下午或晚上某时被谋杀的!

食物消化试验的成功令李昌钰博士的实验室科学团队倍感振奋。然而，一个新的难题随即摆在了他们面前。法医当时鉴定艾伦的死亡时间为周六下午或晚间，这一结论不仅仅基于食物的消化程度，还综合考虑了她的皮肤、眼睛、嘴唇，尤其是内脏的变化程度等其他依据。尽管食物消化时间的矛盾之处已找到科学依据支持,但如何解释艾伦·谢尔曼死亡后，其皮肤、眼睛、嘴唇和内脏在如此长时间内几乎没有显著变化呢? 换句话说，是什么原因使艾伦在炎热的夏季，死亡近 50 个小时，尸体各方面特征依然停留在让法医认为死亡时间

在 24 至 36 个小时之间呢？

李昌钰博士及其实验室科学团队对犯罪现场进行了重建。他们手持录像带和照片，对案发现场（谢尔曼的住宅）进行了逐一对照、检查和分析。在反复回放犯罪现场录像的过程中，他们最终注意到一个细节：录像中显示空调画面的部分似乎有些异常。经过仔细辨认，李昌钰博士在空调的通风口上发现了冰碴，而且堆积得很厚，几乎完全覆盖了空调机的通风口。随后，他们将空调机的"温度设置"画面放大观察，发现温度设置被调至"制冷"模式的最大值。

与此同时，李昌钰博士在案件卷宗中发现了伦·弗雷德里克森对报案经过的详细描述："我一进入卧室，就感觉像走进了冰箱一样。"在盛夏的 8 月，卧室的温度显然不应该如此之低。李昌钰立刻意识到，这正是那个残忍的杀手所为——在杀害艾伦·谢尔曼后，特意将室内温度调得极低，使尸体处于"冷藏"状态，从而为自己制造了 24 小时甚至更长时间的不在场证明。

这一重大发现吻合了艾伦·谢尔曼胃里的食物，以及身体机能和内脏腐败程度让法医做出错误鉴定的原因。

这一次迈克尔·马尔奇克警探及其重案小组，在李昌钰博士实验室工作团队的帮助下，似乎抓住了罪犯的狐狸尾巴。

然而，李昌钰博士似乎并不满足于仅仅抓住"狐狸的尾巴"。毕竟，前两次调查中，警方也曾看似大功告成，但最终还是让"狐狸"从法网中逃脱了。如今，他迫切想要弄清楚：罪犯为何要杀害艾伦·谢尔曼？其犯罪动机究竟是什么？

因为李昌钰博士从案件的卷宗中知道，艾伦·谢尔曼被谋杀时已经怀孕了，但是没有确定胎儿的父亲是谁。

难道是因为这个孩子的父亲不是凶手自己？

李昌钰博士的实验室团队，决定对艾伦·谢尔曼进行开棺验尸，采集胎儿的骨骼 DNA 样本。他们将从胎儿骨骼样本中提取的 DNA 与嫌疑人的 DNA 进行了比对。最终确定，埃德·谢尔曼是胎儿的父亲。

李昌钰博士建议召开一场由重案小组、现场调查人员以及法医凯瑟琳·加尔文共同参与的"联合调查案件分析会"。在此次会议上，李昌钰博士分享了自己的发现。在排除了凶手破门而入的可能性、确认死者体内未发现精液且未被性侵后，法医凯瑟琳·加尔文进一步了解到第一批到达现场的警察中有人感知到室温变化，以及对胃内容物的复查结果。基于这些新信息，她修正了对艾伦死亡时间的推断。法医最终将艾伦的死亡时间重新确定为周五下午，即 1985 年 8 月 2 日16：30 至 18：30，而非原先推测的周六晚上。

几乎所有的人都记得，艾伦·谢尔曼的尸体颈部有两道深得几乎陷进肉里的裂痕，其中一条是有着"奇怪花纹"的宽勒痕，另一条则是较细的勒痕。

重案小组起初认为是死者艾伦·谢尔曼的胸罩带造成了尸体脖子上两道勒痕，但是李昌钰博士实验室经过测量，发现那些图案与胸罩带的完全不一致，特别是非常明显的在某些区域可以看到宽勒痕上的"交叉图案"，这些"交叉图案"与比基尼内裤松紧带上的图案很相似。

警探迈克尔·马尔奇克和重案小组其他成员认为，李昌钰博士的这个论点法庭可能不认可，因为比基尼内裤的松紧带很

短，如何能造成那么深的勒痕呢？

一个神奇的实验开始了。

李昌钰博士的实验室买了五条与死者同款的比基尼内裤，发现当比基尼内裤上的松紧带被拉伸时，长度完全够在艾伦脖子上绕两圈。同时，几项实验都证明当比基尼内裤上的松紧带被拉伸到一定程度时，松紧带的宽度、图案与艾伦脖子上的勒痕完全吻合。

现在，所有证据都说明，艾伦·谢尔曼是在 8 月 2 日（周五）下午，被人先用手勒住颈项，造成"颈部软骨骨折"，然后又用她的比基尼内裤上的松紧带勒死了她。

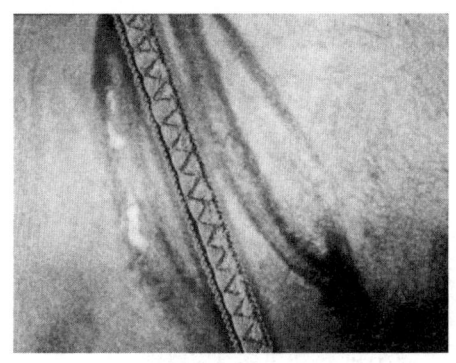

痕迹比对

李昌钰博士与迈克尔·马尔奇克警探以及重案小组其他成员几乎就要揭开那个隐藏在层层精心策划背后的邪恶凶手

的真面目了。当所有嫌疑人都被李昌钰博士参与的重案小组排除在外时，一张法网已经悄然收紧，将埃德·谢尔曼牢牢锁定。

实验室对艾伦的内裤进行了 DNA 分析测试，其上显示没有精液或血液痕迹；对床单的检查也显示上面有许多体液和污渍，但没有发现血迹。其中一些体液污渍在多个领域彼此重叠沉积，而且大多数污渍中含有精液。但是血清和 DNA 检验分析表明，精液是来自埃德·谢尔曼而不是伦·弗雷德里克森。

是的，经过李昌钰博士与重案小组的多方分析，唯一能在周五下午接触到艾伦·谢尔曼，并在她毫无防备的情况下实施谋杀，随后从容布置强奸谋杀现场的人，只有埃德·谢尔曼。然而，如何解释埃德·谢尔曼离开家后，在奥尔布赖特家中与妻子通电话时，奥尔布赖特夫妇"听"到艾伦还活着的情况？此外，埃德·谢尔曼与四位航海旅行的证人在一起后，就再也没有回过家。

这就像两位高段位的棋手在棋盘上对弈，局势再次陷入了僵局。这令警方暂时棋差一筹的，正是 8 月 2 日（周五）

晚上埃德·谢尔曼不在场的证据。

　　于是李昌钰博士建议：向全社会公布艾伦·谢尔曼谋杀案调查的情况以及目前陷入的困境，以寻求新的证人、证物。

艾伦·谢尔曼被谋杀案发生几个月后，奥尔布赖特夫妇曾与他们的女儿谈及埃德·谢尔曼在家中打电话的情景。当时，奥尔布赖特的女儿提到："谢尔曼叔叔撒了个谎，因为那天他看似在打电话，实际上电话并未接通，他是在对着话筒对艾伦阿姨说'我爱你'。我当时在分机上拿着电话，所以听到了。"然而，由于女儿年幼，奥尔布赖特夫妇并未重视她的话。

如今，当奥尔布赖特夫妇从报纸上获悉李昌钰博士及其实验室介入案件调查时，他们再次回忆起当时的情景。已经十几岁的女儿坚持认为，那个周五下午，埃德·谢尔曼在出发前给妻子打电话时，"实际上谢尔曼叔叔并没有真正与艾伦阿姨通上话"。因为当谢尔曼拨通电话时，艾伦正在使用另一个分机。根据他们家的规矩，无论是大人还是孩子，谁先拿起电话谁就先使用，而那天女儿已经先拿起了分机。她回忆说："当谢尔曼叔叔告诉他的妻子他们即将离开，并说'我爱你'时，电话其实并未接通，另一端根本没有人，他是在对一个响铃的电话讲话。"

这个消息让奥尔布赖特夫妇感到极为震惊，他们坚信案发时已经九岁的女儿在此事上不会有错误的认知。于是，他们决定向警方报案。奥尔布赖特让女儿当着警方的面，第三次复述了她之前告诉他们的内容：她在分机上听到埃德·谢尔曼在出发前给妻子打电话，但电话实际上并未接通。

重案小组与迈克尔·马尔奇克警探在听取奥尔布赖特夫妇及其女儿的回忆后，立即对埃德·谢尔曼的办公室展开搜查。当迈克尔·马尔奇克警探在埃德·谢尔曼的电脑中发现了一部由他撰写、情节与案件极为相似的小说时，一切似乎昭然若揭。

1985 年 8 月 2 日（周五），埃德·谢尔曼在离家之前残忍地杀害了身怀六甲的妻子。他将空调温度调至最低，并紧闭卧室的门，以尽可能降低室内温度。在实施谋杀前，他已精心策划好每一步。杀害妻子后，他驱车前往朋友奥尔布赖特的住处，并当着他们的面给妻子打电话，其目的是让奥尔布赖特夫妇成为目击证人，证明艾伦·谢尔曼在他离开时还活着。

然而，天网恢恢，疏而不漏。在鉴识科学的强大力量面前，一切精心设计的伪装都无所遁形。这一次，重案小组最终取得了胜利。

1990 年 3 月，经过近五年的艰苦追踪，警方以谋杀妻子艾伦·谢尔曼的重大嫌疑逮捕了埃德·谢尔曼。又经过三年零七个月的漫长审理，初审法院的陪审团裁定埃德·谢尔曼犯有谋杀罪。

但埃德·谢尔曼于 1994 年 10 月 25 日提出上诉，他首先向法庭提交了一份长达 100 页的所谓"不在场证据"。

埃德·谢尔曼是一个极度自私、冷酷无情且以自我为中心的男人，无论何时何地，他总是以反驳他人为乐。

埃德·谢尔曼的智商极高，思维缜密，行事计划周详且严谨。在以极其残忍的手段杀害了与自己共同生活 16 年的妻子后，他竟然四次通过了重案小组对他进行的测谎仪测试。他对美国法律了如指掌，即使在被捕、法院起诉以及陪审团审判的过程中，他依然像犯罪前精心策划每一步骤一样，冷静地逐条分析重案小组成员、凯瑟琳·加尔文法医以及李昌钰博士实验室团队数年来所做的努力。他对所有专家和证人提出的证据进行逐一反驳，为自己进行长期的无罪申辩，企图以此逃避法律的制裁。

埃德·谢尔曼首先提出指控：初审法院的检察官在"可能的原因"听证会和审判期间，违反了美国宪法第十四修正案的正当程序条款以及《康涅狄格州宪法》第一条第八款，剥夺了他获得公平审判的权利。

埃德·谢尔曼进一步指出，检察官的不当行为可细分为七类被禁止的行为，并压制了十项对他有利的证据，具体如下：

（1）伦·弗雷德里克森承认与受害者（艾伦·谢尔曼）存在不正当关系的陈述；

（2）伦·弗雷德里克森于1985年8月4日向警方所作的陈述；

（3）1985年8月5日警方对卡罗尔（Carol Calangeli）的讯问；

（4）警方对勒瓦利日记的调查；

（5）警探迈克尔·马尔奇克关于被告住所门锁状况的报告；

（6）1985年8月1日谢尔曼夫妇在切斯特旅馆共进晚餐的账单副本；

（7）警方对另一嫌疑人西奥多·马蒂厄（Theodore Mathieu）的调查报告；

（8）胎儿的尸检报告；

（9）康涅狄格州案件调查"重案小组"资料中记录的，1985年8月5日在谢尔曼家（犯罪现场）测量的温度；

（10）1985年8月5日记者对勒瓦利的采访报道。

同时还向法院提出了11条自我辩护，要求改判的理由：

（1）初审法院不当地接纳了关于受害者死亡时间的专家证词，检察官的不当行为影响了被告随后的起诉，剥夺了被告获得公平审判的机会。

（2）初审法院故意无视被告对一项诽谤动议的裁决，并盘问被告以前是否曾袭击任何人，是否拒绝让警察测试尸体所在房间的空调，以及他是否试图改变证人的回忆等不适当的问题。

（3）被告所在州未能履行在交叉询问证人之前，向被告提供控方证人陈述的程序。检察官的不披露陈述属于不当行为，影响了被告。

（4）因检察官在结案陈词中发表的，"本法院'有可以证明被告有罪的额外证据'"的不当言论，影响了陪审团必须"只适当考虑已经提出的证据"，而剥夺了被告获得公平审判的权利。

（5）法庭发表的不当意见，即"本法院不能得出在整个审判过程中，被质疑的言论影响了判决"，影响了陪审团对被告的可信度，肯定了控方证人的可信度。

（6）初审法院检察官向陪审员的陈述，即"你们心中任何对事实的怀疑，只是因为辩护律师卓越的技能与口才，以及被告的智慧"，使陪审员产生了偏见，从而侵犯了被告获得公平审判的权利。

（7）初审法院在接受关于"从受害者冰箱中查获食物"的证词时，滥用了自由裁量权，拒绝被告取消该证词的动议。同样在州政府传唤助理法医来确定该证据的相关性时，拒绝了被告要求取消证人的动议。

（8）初审法院滥用了自由裁量权：允许首席法医就受害者的死亡时间采用专家意见。被告认为这是基于不正确的方法形成的不正确的假设结果，影响了陪审团在独立判断的情况下权衡证词的价值。

（9）初审法院不当地阻止了被告专家证人就"受害者死亡时间"发表意见。被告被不正确地指控，违反了法院的扣押令。法院认定被告向被告方专家证人提供首席法医的证词誊本，违反了扣押令，并且在实施排除制裁时滥用了自由裁量权。

（10）被告证明，初审法院接纳了据称由"受害人作出的传闻陈述"为证据。相关的"传闻证据",以及繁杂的与案件无关的例外情况对被告造成了伤害。

（11）初审法院滥用自由裁量权，无理由驳回被告重新审判的动议；被告依赖的事实，能证明该州的（以死亡时间理论为前提）的"有罪理论"，在现实中是完全不可能的。

综上，被告埃德·谢尔曼希望高等法院驳回初审裁决。

又经过法庭数月的调查、取证、开庭审理，1995 年 7 月 11 日,高等法院发布决定:指控被告犯有谋杀罪,被告埃德·谢尔曼被带到新伦敦市高等法院,进行最后一次开庭审理。

被告埃德·谢尔曼的律师向法庭以及 12 名陪审团成员提出了 11 条上诉理由，但是在法庭辩论中，高等法院逐条驳回了被告的申诉。

（1）被告未能证明法院未能在他的"可能原因听证会（probable cause hearing）上披露所谓的无罪证据而'玷污'了他随后的起诉，剥夺了他应该得到公平审判的机会"。

事实证明，某些证据已在可能原因听证会上向被告披露，或在审讯前及时告知被告人，且被告在审讯中有效地利用了这些证据。因此，这些证据已为其所知。经审查，初审法院在接纳受质疑的证据时并未滥用自由裁量权。同时，证据在

可能原因听证会上已向被告披露，因此不影响对他提起诉讼的审判结果。

（2）被告未能证明其主张，即初审法院故意无视其对一项诉讼动议的裁决，并通过盘问他是否曾袭击过他人、是否拒绝让警察检测发现尸体的房间的空调，以及是否试图影响控方证人的记忆，提出了不适当的问题。尽管被告不应反对针对被排除证据的一连串讯问，但他所遭受的实际损害（如果有的话）不足以支持本院行使监督权以撤销对他的定罪。

（3）康涅狄格州履行了有关协议：在开始向被告交叉询问之前，向被告提供了控方证人的陈述。检察官的行为不构成不当行为。披露这些陈述的时间并不影响被告为自己辩护。

（4）检察官在结案陈词中发表的评论，没有剥夺被告获得公平审判的权利。从记录中可以清楚地看出，被质疑的言论并不构成声称"法庭知道可以证明被告有罪的额外证据"，而只是强调法庭没有提出不相关的事实证据，陪审团必须只考虑已经提出的证据。

（5）被告没能证明他被剥夺了公平审判的权利。没有因为法庭发表的意见，影响了陪审团对他的可信度，而肯定了控方证人的可信度。本法院不能得出结论,在整个审判过程中,被质疑的言论影响了判决。

（6）法院正确地认定：检察官向陪审员陈述的，即"你们心中任何对事实的怀疑，只是因为辩护律师卓越的技能和口才，以及被告的智慧"，没有使陪审团对被告产生偏见。这些言论即使不当，也未侵犯被告获得公平审判的权利。

（7）法院正确地认定：初审法院在接受关于从受害者冰箱中查获食物的证词时，没有滥用自由裁量权，没有拒绝被告取消该证词的动议，也没有在州政府传唤助理法医来确定该证据的相关性后，拒绝被告要求取消证人的动议。法院确定：传唤助理法医，证据被采纳，证明了这些证据是相关的。而助理法医的证词充其量只是法医证词中的一部分，不影响被告获得公平审判的权利。

（8）初审法院没有滥用其自由裁量权。允许首席法医就受害者的死亡时间提供专家意见是正确的。被告声称"这是基于不正确的方法形成的不正确的假设"是不存在的。陪审团能够在不放弃常识的基础上，对证人的证言做出独立判断。

（9）初审法院适当地阻止了被告的专家证人，就受害者的死亡时间发表意见，是符合法律规定的。因为被告被指控违反了该法院的扣押令。该法院正确地认定被告向被告证人

提供了首席法医的证词誊本，违反了扣押令。初审法院在实施排除制裁时，没有滥用自由裁量权。

（10）被告人未能证明，初审法院接纳由受害人作出的"传闻陈述"为证据，是因为那些"传闻证据"是在受害人精神状态清醒的情况下发生的，"传闻证据"及"其他情况"的证据没有对被告造成伤害。

（11）初审法院没有滥用自由裁量权驳回被告重新审判的动议。被告所依赖的事实并不能证明该州"有罪理论"（以死亡时间理论为前提）在物理上是不可能的。

根据惯例，"除了根据宪法规定的，原始管辖权提起的任何事项外，本法院将被告的上诉申请移交给了最高法院"。最高法院可以将一项或一类"原因"的案件移交到具有管辖权的法院。

最终，高级法院的 12 名陪审团成员宣告了以下事实：

受害者艾伦·谢尔曼是被告埃德·谢尔曼的合法妻子。由于被告与他人发生婚外情，他们的婚姻关系出现了严重裂痕。1985 年 8 月 2 日（周五），被告和受害者都在下午 4 点左右下班回到家中。随后，被告残忍地杀害了妻子，并精心伪造了犯罪现场，使其看起来像是一起入室强奸案。与此同时，他将空调调至制冷模式的最低温度，使受害者的尸体处于冷冻状态。这种做法延缓了尸体皮肤、眼睛、嘴唇以及内脏的变化，从而掩盖了作案时间，企图误导警方调查，以逃避法律的制裁。被告在杀害妻子并伪造现场后离开家，按照预定的计划，前往朋友奥尔布赖特家，以告别的名义借用其电话，假装与已被杀害的妻子通话，制造了第一证据链。随后，他登船与朋友开始为期一周的航海旅行，形成了第二证据链。

8 月 4 日(周日)，被告在航海旅行中故意当着"船友"的面，多次佯装拨打已故妻子的电话，制造了第三证据链。随后，他以两天来始终未能联系到妻子为由，委托共同的朋友芭芭拉·勒瓦利前往他家探望妻子，从而形成了第四证据链。被告早已知晓伦·弗雷德里克森与妻子有染，因此在电话中委托芭芭拉·勒瓦利时特意嘱咐：如果她没有时间，可以委派另一位朋友伦·弗雷德里克森去查看妻子的情况，企图将嫌疑嫁祸给伦·弗雷德里克森。

伦·弗雷德里克森是第一个到达案发现场的人，也是报案者。他进入案发现场（卧室）时，由于卧室门紧闭，空调处于制冷模式，导致室内温度明显寒冷。然而，伦·弗雷德里克森在离开卧室时未将门恢复到进入前的紧闭状态，使得室内温度迅速回升。当迈克尔·马尔奇克警探及其重案小组到达现场时，室内温度已接近正常，这导致康涅狄格州首席法医凯瑟琳·加尔文错误地将受害者的死亡时间鉴定为尸体被发现前的 24 至 36 个小时之间。

　　凭借李昌钰博士及其科学实验室团队丰富的物证鉴定经验，真相得以揭示，彻底粉碎了埃德·谢尔曼提出的四项不在场证明。尤其是法医凯瑟琳·加尔文，在李昌钰博士科学证据的支撑下，重新评估了受害者艾伦·谢尔曼的死亡时间，将其精确到 48 至 56 个小时之间。这一发现让埃德·谢尔曼的犯罪行径无所遁形。

　　在陪审团审判之前，经过为期 14 天的可能原因听证会，陪审团最终裁定埃德·谢尔曼有罪。

　　康涅狄格州最高法院根据"联邦和本州宪法下的正当程序"，在被告未提出单独以其他州宪法主张处理的情况下，驳回了被告要求无罪释放和重新审判的动议及主张。

经过长达九年的审判，尽管埃德·谢尔曼始终未认罪，但他最终因精心策划并残忍杀害妻子艾伦·谢尔曼及其腹中五个半月大的胎儿，被判定犯有一级谋杀罪，并被判处 50 年监禁。

埃德·谢尔曼在服刑期间因病离世，为其罪行画上了句号。

2025 年 2 月 18 日完成初稿

2025 年 2 月 22 日凌晨定稿于美国夏威夷

曼哈顿中国城的 18 声枪响

3

案发时间	案发地点
1988 年 6 月 9 日	美国纽约市曼哈顿中国城地威臣街（Division Street）7 号楼三楼大兴公司（The TSE Group）办公室

人物

谢大卫
（Raymond David Tse）
大兴公司老板

梁安迪
（Andy Chinn Liang）
死者

格雷戈里·瓦普尔斯
（Gregory Waples）
地区检察官

李昌钰博士
（Dr. Henry Lee）
著名物证鉴识专家、康涅狄格州警察厅实验室主任

杰克·利特曼
（Jack Litman）
著名犹太律师

彼得·德福雷斯特博士
（Dr. Peter De Forest）
物证鉴识专家，李昌钰博士的老师

一、
一连串枪声

"砰砰砰……砰砰砰……"

1988 年 6 月 9 日周四下午，美国纽约市曼哈顿中国城地威臣街 7 号楼三楼，响起了一连串枪声。

美国是一个允许私人持枪的国家，听说某地发生了枪击案，或者听到附近传来一两声枪响，甚至目睹有人开枪、有人中弹也不算稀罕，大家也都见怪不怪了。

但是 7 号楼三楼响起的枪声却非同一般：第一，枪声是从大兴公司老板办公室传出来的；第二，枪声不止一声，甚至不止十声。

大兴公司老板名叫谢大卫 (英文名 Raymond David Tse)，中国福建省人。谢大卫于1948年出生，1971年来到美国。他并非富二代，也没有隐性资产，和那个年代怀揣"美国梦"来到此地的年轻人一样，唯一拥有的就是理想和无穷的精力。初来乍到，他一人身兼数职，在餐馆和豆腐店打工，每天工作十七八个小时。然而，他又与那些只知道埋头苦干的中国人不同，他不仅头脑灵活，而且为人诚恳，虚心好学。在打工的同时，他默默学习餐馆和豆腐店的经营之道和管理经验。终于，在1979年，他成功盘下了自己的第一家餐馆。这家餐馆虽然规模不大，但他凭借着勤奋和悟性，努力地经营。他起早贪黑，不辞辛劳，不断摸索创新，推出既美味又实惠的菜品。在他的用心经营下，餐馆很快便做得风生水起。经过几年的拼搏，他成立了自己的公司——"大兴公司"。"大兴公司"的业务范围不仅涵盖餐馆、杂货店和豆腐店等服务业，还扩展到了房地产业。

尽管事业有成，谢大卫却依然保持着谦逊的作风。虽然他的商业版图不断扩大，但他始终没有放弃经营豆制品这一老本行。此外，他热心于支持侨界和社会公益事业。谢大卫坦言，自己年轻时和许多男孩一样，曾梦想成为一名警察，但未能如愿。因此，他多次向警察基金会捐款。纽约基金会和纽约警察协会都曾向他颁发奖状。朋友们有时称呼他为"豆腐老板",他也并不介意。

谢大卫拥有一个幸福的家庭:母亲、妻子和孩子,大家庭其乐融融。

谢大卫拥有广泛且良好的社会关系和形象。在申请新泽西州枪支许可证时,他还特意请到了当时纽约市颇具影响力的美国参议院议员阿尔方斯·达马托(Alfonse Marcello D'Amato)为他撰写推荐信。毫不夸张地说,谢大卫堪称"美国梦"的典型代表,是一位充满励志色彩的典范人物。

案发当天正值下午,四周一片寂静,谢大卫办公室内传出的枪声惊动了许多人。更令人不安的是,第一次枪声短暂

《每日新闻》头版头条
报道此案

停息后，紧接着又接连响起了多声枪响。据事后一些紧张的目击者描述，枪声肯定超过了六响，至少有十响，也有人说超过了十响，甚至有人声称听到了至少二十响。略有枪械知识的人还指出，他们听到的子弹响声似乎有所不同，好像有几种不同的枪声。这一切都为这瞬间发生的事件蒙上了一层神秘的面纱。

难道是警方突击？还是帮派火并？但人们并没有看到有帮派进出这栋大楼，也没有发现有人破窗或破门而出。难道所有人都被打死了吗？人们对此众说纷纭。

总之，那个下午，7号楼三楼的枪声震惊了所有人。等巡警和随后的凶杀案组刑警陆续赶到大楼，这时，人们才得知众多报警人中，也有谢大卫本人。

二、

现场疑云

当两位巡警第一时间赶到地威臣街 7 号楼三楼时，即使他们经验丰富，眼前的状况也让他们措手不及。当天下午，拨打 911 报警电话的不止一人，报警人大多都紧张地声称听到那里传来"数不清的枪声"，并推测"可能有人火并""可能多人死亡"等。然而，尽管"数不清的枪声"

谢大卫的办公室

是事实，但当911接线员询问是否看到有人死亡时，报警人大多以揣测、推断的语气回答："可能""也许""听人说"等。

接到报警的巡警高度重视，做好了面对"多人死亡"甚至可能遭遇袭警、拒捕等危险情况的准备。他们不仅迅速掉转车头赶往现场，还通知了总队携带防爆装备紧急支援。巡警到达现场后，立即疏散了大楼内的无关人员，并在三次警告无果后破门而入。然而，映入眼帘的却是一个不大的办公室，里面只有一个神情紧张、愤怒且迷茫的中年人，以及一个躺在地毯上生死不明的年轻人，这一场景让他们一时有些发懵。

巡警迅速控制住现场的中年人，并立即对地毯上的人进行检查，发现其身中数弹，已经死亡。巡警随即通过对讲机将情况报告给总部，不久后，凶杀案小组的刑警就赶到了现场。

由于巡警已经控制住现场，按照惯例，带队的刑警小队长安排其他刑警进行现场勘查，而他自己则准备对犯罪嫌疑人进行讯问。然而，当小队长面对犯罪嫌疑人时，他愣住了。眼前的人圆脸、微胖、中等身材，正是他熟悉的华人老板谢大卫。他记得谢老板一向面目憨厚，为人友善。小队长环顾

曼哈顿中国城的18声枪响

四周，发现这里与其说是一家公司的办公室，不如说更像一间普通的房间。正对门的位置，一个棕白相间、花格子面料的长沙发占据了房间的主要空间，沙发的一头摆放着冰箱和一张深色、带有一大三小的抽屉的办公桌。办公桌旁边靠墙立着两把雨伞。直到看见原木色会议桌前的椅子倒在地毯上，和那个身材瘦小、身穿白上衣和牛仔裤、胸前和胳膊上满是鲜血的人，才让小队长确信这里就是报警电话中提到的案发现场，这里确实发生过枪击案件。

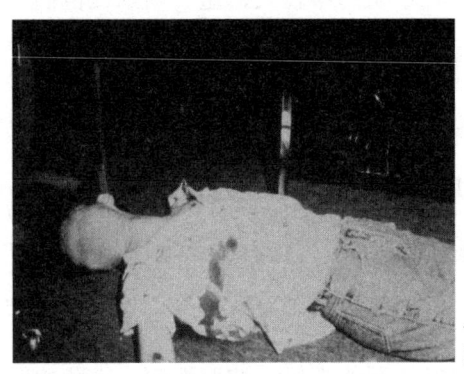

死者梁安迪

不仅是刑警小队长，其他刑警也认出了在办公室里以"嫌凶"身份面对他们的，正是经常为警察局捐款的成功商人谢大卫。尽管他们对眼前的一切感到难以置信，但职责所在，他们只能严格按照规定执行操作：

"姓名？"

"谢大卫。"

"身份？"

"……"

"我现在正式告知你，你有权保持沉默，并且有权聘请律师为你辩护。但你目前所说的一切都可能在后续的审讯中作为呈堂证供。"

"我明白。"

"办公室里还有其他人吗？"

"没有。"

"是你开枪打死了这位年轻人？"

"是。"

"什么原因？你们有经济纠纷吗？"

"……"

"他是你的朋友吗？"

"……"

"你们进行了打斗吗？"

"都没有，这家伙太可恶了，他来敲诈我，而且不止一次……他还拿枪威胁我……"谢大卫不等刑警小队长继续追问，便迫不及待地开始讲述事情的经过。

"你对他说了什么？比如你有没有告诉他，你今天没有钱了。"

"说了，而且我也给了他一部分。"

"那为什么还要打死他？"

"他要的钱实在是太多了，而且不久前他刚刚来过。"

不知是紧张还是愤怒，谢大卫情绪越来越激动，为防止意外发生，刑警小队长立刻停止了讯问，并且说："你需要冷静，你现在可以什么都不说。"

"我知道，我明白，我了解美国的法律。我们来美国做生意是为了给家人创造更好的生活，理应遵守当地的法律，不想惹是生非。但今天，如果我不……"谢大卫似乎又回想起刚刚发生的情景，情绪有些失控。他颤抖着伸出手，指着地毯上那支镶有白色手柄的手枪。

他希望刑警能明白，如果他不开枪，现在躺着的也许会是他自己。

凶杀案小组的刑警对现场进行了全面勘查，包括照相、绘图和笔录。死者特征明显：卷发、高颧骨、脸颊深陷，身材纤细。死者胸部和颈部中弹，在其身旁发现一把点 25 口径的手枪，地上散落着几张美元，经刑警清点，共计844美元。

在完成初步勘查后，刑警们对现场进行了更深入的搜查并详细记录了所有发现。当他们将尸体翻过来时，发现地毯上留有大片血迹。负责取证的刑警仔细提取了地毯和死者伤口的血液样本，并将其装入液体玻璃测试剂标本瓶。与此同时，其他刑警小心翼翼地将死者手中的枪支以及地毯上的其他物品贴上标签，放入物证袋中。

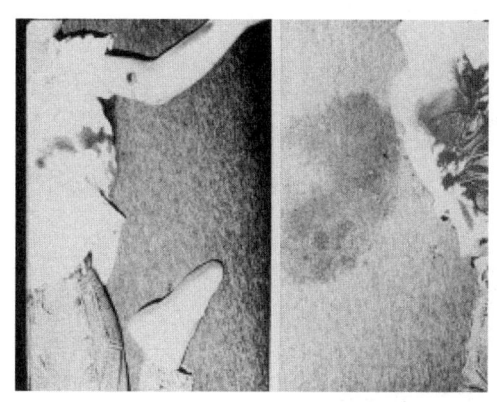

尸体翻动后，地毯上的血迹

现场记录显示：搜查过程中发现死者身下的地毯上血迹尚未完全凝固，已采集样本；现场共发现两支手枪，其中一支为点38口径左轮手枪，属于犯罪嫌疑人谢大卫。该左轮手枪的转轮内有6枚空弹壳，地毯上共发现12枚空弹壳。此外，死者身旁还有一支点25口径的"柯尔特"微型自卫手枪，枪的保险未打开，肉眼未见击发痕迹，枪管也无火药等气味。

这两把枪中，左轮手枪由于枪管较短，通常为便衣警察所使用；而白色握柄的"柯尔特"并非美国制造，其弹匣内有两发子弹。

谢大卫的点 38 口径左轮手枪

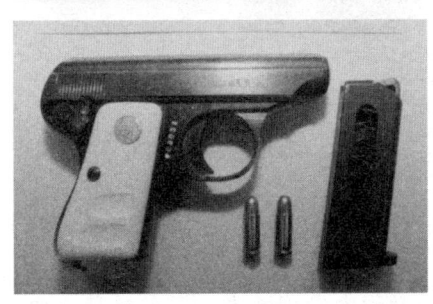

梁安迪的点 25 口径手枪，以及弹夹、子弹

从后来的报告看，警察当时的现场搜查和记录工作都非常仔细。

"你重新给手枪装过子弹吗？装了几次？"小队长看了看死者胸前的中弹情况，又看了看左轮手枪，问谢大卫。

"我也不知道，我记不清了……我告诉他我没有那么多钱给他时，他非常生气，并且说如果今天我不拿出钱来，他就要我好看。我说好吧……我去办公桌拿钱，他在我身后又说你最好别耍什么花样，你想清楚你是要钱还是要命。听了他说的话，我回过头看到他居然拿出枪来对着我，而且手指在扳机上。我打开抽屉，第一眼就看到了我的枪。想到身后他坐在那里跷着二郎腿，拿着枪在威胁我……再看看抽屉里的枪……我实在太气了，我昏了头，我想，干脆一了百了吧！我没有拿钱，而是一把抓起了枪，就……转身开枪打了他。我不知道我是怎么样……当时我实在太气愤了，我们在这里做生意是很不容易的……我是不是又换了子弹，我也不知道了，我真的不记得了……"

谢大卫有些语无伦次。

"好了，我们知道了，你不必再说了。"

谢大卫的讲话再一次被小队长打断。看得出他不愿谢大卫在此时说出不利于自己的话来。当刑警要给谢大卫戴上手铐时，小队长甚至做了一个请他理解的表情和动作，同时又问：

"他向你要多少钱？"

"他要 3600 美元。"谢大卫回答。

这是小队长和谢大卫在现场的最后对话。

小队长向谢大卫点点头，转过身，谢大卫主动向拿着手铐的刑警伸出了双手。

在谢大卫作为"嫌犯"被带出三楼办公室时，周围已经出现了一些围观的人群。因为谢大卫平时为人厚道，帮过不少人，所以不少人对他露出了惋惜的表情，甚至有人愤愤不平地喊了一声："该死的'华清帮'，就会敲诈勒索。"

事后经过警察局调查，死者身份得到验证，他的确是"华清帮"中"安东帮"的成员，叫梁安迪。

在中国封建帝制时期，中央集权的影响力并未完全深入县级以下的基层社会，基层秩序主要由当地各家族维系，形成了以帮派（会）为代表的"第二社会"，以维护地方治安。为了避免受到欺凌，早期前往海外谋生的部分华人会效仿这一模式，与亲戚和同乡组成小团体。随着时间的推移，这些小团体逐渐发展壮大，形成了具有影响力的帮派组织。后来，这些帮派不仅限于帮助自己的亲友，还开始受雇于有权势的组织机构，以谋取利益。在纽约市曼哈顿的中国城，帮派活动一直存在，它们分属于不同的堂口。由于"华清帮"的势力较大，不熟悉内情的人常常将其他帮派成员也笼统地称为

"华清帮"的人。据后来的英文媒体报道，梁安迪是"华清帮"下属"安东帮"的成员。"安东帮"是总部位于纽约市曼哈顿中国城的三大社团之一，与"协成堂"和"安良堂"齐名，也被称为"安东同社"。"安东同社"曾协助"新义安"和"三合会"等小帮派的成员从香港偷渡到美国，并参与非法赌博和毒品贩运等违法活动。

此外，也有报道称谢大卫是"协成堂"的重要成员之一。

梁安迪是一个无业游民，且声名狼藉。警方记录显示，他涉嫌参与多起犯罪活动，包括绑架、勒索、无照持枪和斗殴等。然而，警方的档案也揭示，1983年2月，梁安迪年仅12岁的妹妹被另一个帮派绑架并折磨致死。熟悉梁安迪的人都知道，他非常疼爱自己的妹妹。尽管他妹妹遇害的案件已结案，但他一直对绑架妹妹的帮派心怀仇恨。

三、

风云突变

　　提及格雷戈里·瓦普尔斯检察官，人们自然会想到他刚刚处理的并因此声名鹊起的"纽约地铁杀人案"。

　　该案件的主要经过如下：

　　1984年12月22日，正值圣诞节前，在纽约市一辆驶向市中心的地铁车厢内，几名黑人少年向一名白人男子伯恩哈德·戈茨（Bernhard Goetz）索要钱财。短短几秒钟内，伯恩哈德·戈茨便用他的左轮手枪先开四枪，后对其中一名受伤少年补开一枪，导致四名黑人少年受轻伤，而另一名黑人少年的脊椎则被子弹打断。枪响之后，地铁列车紧急停车，伯恩哈德·戈茨拒绝向列车长交枪，他随后跳下铁轨，迅速消失在地铁隧道的黑暗中。事件传开后，枪手的行为受到了广泛赞誉，许多人称他为英雄。城市报纸甚至将戈茨称为"地铁义警"。有报道称，这起枪击事件成功阻止了一场潜在的袭击，并向其他可能的抢劫犯发出了警告信息。报刊还进行了民意调查，结果显示，受访的白人和黑人中有49%都对"地铁义警"表示同情。

在事件刚结束后不久，即1985年1月左右，许多纽约人纷纷表示："终于有人敢于站出来对抗这些暴徒了。"但到了2月，舆论则有所改变。因为地铁枪击事件引发了公众的恐慌，案发后市长就发表声明称："绝不能容忍肆意杀人，尤其是可能引发种族冲突的案件，更应予以高度重视。"他指示检察机关展开调查。随后，检察机关介入案件，收集目击者证词，并依据描述绘制出白人嫌疑人的模拟画像，随后将画像刊登在报纸上，悬赏缉拿。

枪击案发生后，伯恩哈德·戈茨租了一辆车逃往佛蒙特州的本宁顿。在那里，他烧毁了自己的夹克，并拆解了枪支，将零件随意丢弃在树林中。不久，伯恩哈德·戈茨在报纸上看到了与自己极为相似的模拟画像，意识到自己迟早会被指认，于是决定向警方自首。

伯恩哈德·戈茨联系了他最信任的朋友，将一笔钱交给他保管。果然，12月26日，一名匿名者致电纽约警察局，举报伯恩哈德·戈茨与报纸上公布的枪手特征相符。

12月31日当天中午，伯恩哈德·戈茨现身于新罕布什尔州康科德的警察总部，并宣称自己就是纽约警方正在通缉的地铁枪手。

伯恩哈德·戈茨自首后，格雷戈里·瓦普尔斯被指派为该案的检察官，即我们通常所说的公诉人。1987年4月27日，对戈茨的审判正式开始。

伯恩哈德·戈茨被指控犯有谋杀未遂、袭击鲁莽危害和多项枪支犯罪。他在为自己辩护时表示，他不仅遭受了数倍于己方的恐吓与敲诈，更是在生命受到威胁的情况下，认为只有通过自卫才能保全性命。他坚称，自己的行为是为了维护社会正义。我们生活在一个自由民主的国家，但更是一个法治社会。社会绝不能容忍那些游手好闲的人肆意敲诈那些勤奋学习、努力工作的人。如果纵容这种行为，将是对善良公民极大的不公，也是对美国法律制度最大的亵渎。

伯恩哈德·戈茨的辩护律师也一再强调，戈茨的行为属于正当防卫。

格雷戈里·瓦普尔斯在庭审中展现了他在法学院所学的全部知识。

他在陈述中首先对陪审团指出，伯恩哈德·戈茨的供词将揭示他是一个"极度扭曲、自以为是，且缺乏基本是非观念"的人。

格雷戈里·瓦普尔斯从社会安全、历史变革以及民主、自由、人文等多个角度，以严谨的逻辑推理，强调了伯恩哈德·戈茨的补枪行为——当时他处在不受威胁的情况下，但仍然开枪，这些都论证了伯恩哈德·戈茨的行为并非正当防卫，而是残忍的蓄意谋杀。他强调：无论个人遭遇何种困境，哪怕生活不如意、工作不顺心，面对弱势群体和求助的手，我们都必须放下自身的负面情绪，给予他人帮助。如果我们的社会不以此为准则，又如何体现我们扶助弱小的慈善之心，以及法律之下人人平等的自由民主精神？

针对伯恩哈德·戈茨的枪击行为导致 5 人受伤的情况，格雷戈里·瓦普尔斯检察官义正词严，引经据典，充分展现了他的才华。他指出戈茨的行为违反了美国的法律制度，是有罪的。如果判决戈茨无罪，将等同于为谋杀行为打开大门，削弱民众对国家法律制度的尊重和遵守。他站在正义的立场上，信心十足，踌躇满志，似乎胜券在握。最终，他向陪审团说道："你们今天在此的任务是判定法律之下人人平等的正义理念究竟是现实，还是……"

然而，这场官司他输了。

1987年6月16日，陪审团裁定伯恩哈德·戈茨在地铁枪击案中犯有一项携带无证枪支的罪名，而对其指控无罪。

美国是一个移民国家，其先进的理念和健全的社会制度吸引了世界各地众多高智商、高学历的人才。与此同时，宽容的制度也带来了不可避免的挑战：一些人游手好闲，不思进取，利用国家失业、养老、医疗等制度的漏洞，在消耗大量公共资源的同时，也成为社会不安定因素。

美国实行陪审团制度，陪审员来自社会各个阶层，他们大多了解社会各阶层状况。经过控辩双方长达五年的调查、举证和庭审，陪审员最终裁定年轻的白人被告属于正当防卫。法官判处伯恩哈德·戈茨一年监禁，并赔偿4000美元。最终戈茨实际只服刑了八个月。

这一判决，也变相宣告了格雷戈里·瓦普尔斯检察官的失败。

纽约警察局认定谢大卫的行为属于正当防卫，决定不予起诉，并以罚款的形式向梁安迪的家人提供适当的经济赔偿，案件就此结案。结案报告随后被送交纽约曼哈顿检察署审批。然而，与其他族裔相比，凶杀案在华人社会中极为罕见，这一情况引起了检察官格雷戈里·瓦普尔斯的怀疑。他认为谢大卫的行为并不构成正当防卫，并决定重新展开调查，以一级谋杀罪和二级谋杀罪起诉谢大卫。

这起备受瞩目的"纽约地铁杀人案"诉讼的检察官格雷戈里·瓦普尔斯，究竟是希望在离开纽约之前通过一个轰动性案件重拾荣誉，还是在研究了谢大卫与梁安迪案件的所有证据后，基于检察官的立场做出的判断？个中缘由不得而知。

果不其然，在首次开庭时，克瑞克·沃布勒便向陪审团提出了三种可能的推断假设。

第一，"华清帮"帮派"火并"学说。

格雷戈里·瓦普尔斯检察官表示，经过调查发现谢大卫是"协和会"的重要成员。既然双方都是帮派成员，那么这起案件很难不让人怀疑是帮派内部的"火并"所致。此外，还有一个"可能性推理"：梁安迪是否因为找到了有关他妹妹被折磨致死的线索，而为他妹妹寻仇？格雷戈里·瓦普尔斯指出，经过现场勘查，中国城7号楼三楼的办公室并非第一案发现场，很可能是谢大卫在另一个地方杀害了梁安迪，然后将尸体转移到办公室，补射了几枪，并放置了一把点25口径的枪在死者身边，以此伪造正当防卫的假象。这显然是两个帮派因在中国城争夺地盘而引发的"火并"。

这一推测还有另一个依据：现场发现的子弹壳数量与验尸结果中的子弹数不符。

第二，谢大卫财力雄厚，不仅拥有餐馆、豆腐店，还涉足商场，甚至参与了房地产开发。如果仅依靠正常经营，很难在短时间内积累如此巨额的资产。这不禁让人质疑，他是否涉及贩毒等非法经营活动？

第三，他们发现谢大卫对枪支情有独钟，购置了大量枪支和警察制服，并曾向警方捐赠巨款。尽管谢大卫对外宣称，自己一直怀有成为警察的梦想。然而，作为一个合法的商人，这种"情结"不免让人怀疑，他是在利用表面假象来掩盖其从事不法生意的真实目的。更令人疑虑的是，他向警方捐款是不是为了在发生意外时，为自己寻求保护伞。

格雷戈里·瓦普尔斯检察官再次展现了他在上一个案件中的专长，甚至比之前更加细致入微，每一个细节都令人信服。他充分运用了哥伦比亚大学法学院高才生的才华，以及多年检察官积累的丰富经验，将其发挥得淋漓尽致。

首次开庭后，原本对谢大卫有利的形势开始发生转变。局势急转直下，社会舆论逐渐转向对谢大卫不利的方向。

英文媒体报道了检方的调查结果：惨案的发生源于 6 月 9 日上午，梁安迪在谢大卫的店内拿走了价值仅 15 美元的食品而未付款，店员随即告知了谢大卫。到了下午，谢大卫要求梁安迪到办公室道歉并支付费用，双方因此发生争执（可能因梁安迪拒绝道歉），最终谢大卫开枪导致梁安迪死亡。

报道还指出，有两名证人在法庭上为上述调查结果提供了证词。

与此同时，英文媒体还报道了谢大卫复杂的社会关系。他拥有众多枪支，甚至持有警服。中文版《纽约日报》《世界日报》《星岛日报》和《侨报》虽以头条新闻对此案进行了详细报道，但它们对谢大卫持支持态度，称赞他作为商人乐善好施，经常慷慨解囊，因此人脉广泛。这些媒体以支持谢大卫正当防卫为立场，大篇幅刊登了辩护律师的辩护词，特别强调梁安迪声名狼藉、无所事事，常以"华清帮"名义向华人敲诈勒索。谢大卫一直不愿惹是生非，却多次遭到勒索。此次事件中，由于两周前已支付过保护费，梁安迪在勒索的同时还持枪威胁，谢大卫在无路可退的情况下无奈开枪自卫。

然而，那些不利于自己的法庭陈述和报道让谢大卫感到意外和不安。他原先的律师深知自己并非格雷戈里·瓦普尔斯检察官的对手，而谢大卫也意识到律师无法应对这突如其来的变化。于是，他高薪聘请了多位著名律师，组成了精英辩护团队，其"主辩"律师是著名的犹太裔律师杰克·利特曼。

杰克·利特曼于 1943 年 7 月 26 日出生于纽约一个重视教育的犹太家庭，他的人生和学业规划宛如金字塔般逐层攀升。杰克·利特曼先就读于康奈尔大学，随后进入哈佛大学法学院深造，并荣获法国富布赖特奖学金。1967 年，杰克·利特曼完成学业后，便在著名检察官弗兰克·霍根（Frank Hogan）的领导下，加入曼哈顿地区检察官办公室。离开检察官办公室后，他曾担任凶杀案局副局长。不久后，他转型成为一名辩护律师，在曼哈顿顶尖的华尔街律师事务所专攻凶杀案件。杰克·利特曼以对案件分析透彻而闻名，他曾处理过许多著名命案。

杰克·利特曼在法庭上表现得敏锐而冷静，他擅长运用一种策略，即试图让陪审团对即便是最骇人听闻的谋杀案肇事者产生同情。他代理的一起案件为他赢得了极高的声誉，那起案件中，一名20岁在读大学预科的男生杀害了18岁的女同学，并将其尸体藏匿于曼哈顿中央公园。

此外，他还因积极倡导法律改革而广受赞誉。谢大卫及其支持者认为，这样的组合足以与检察官分庭抗礼。

然而，他们显然低估了检察官格雷戈里·瓦普尔斯的实力。

四、

检方专家的结论

格雷戈里·瓦普尔斯检察官无疑是精英中的佼佼者。在得知谢大卫聘请了久负盛名的犹太律师团队组成精英辩护团后，他迅速组建了一支由法医、枪械专家、物证鉴识专家等不同学科人才组成的控方技术团队。其中，鉴识专家是彼得·德福雷斯特博士，他是纽约市立大学约翰·杰伊刑事司法学院（John Jay College of Criminal Justice）的教授。德福雷斯特博士不仅著作等身，而且他的学生中也人才辈出。被誉为"现场重建之王"的著名刑事鉴识专家李昌钰博士，就是他的学生之一。

经过双方长时间的精心准备，第一次开庭终于到来。果然，控方坚持"纽约市曼哈顿中国城地威臣街 7 号楼三楼大兴公司的办公室并非第一案发现场"的推论，还提供了更加确凿的证据。

　　控方根据现场警方的报告、照片以及提供的资料，发现作为案发现场的办公室的冰箱顶部和咖啡桌上都布满了灰尘，尤其是咖啡桌上的一份报纸也未能幸免。这一次，格雷戈里·瓦普尔斯检察官改变了以往强硬的作风和过于自信的做法，转而采用"以子之矛，攻子之盾"的策略。他以极大的耐心逐一展示警方的记录，并以谦虚、诚恳的态度向陪审团和辩方律师请教：如果办公室里经常有人办公，怎会积聚如此多的灰尘？面对陪审团中甚至辩护律师团队里有人轻轻摇头，对自身十分有利的情形，他随即流露出一种恍然大悟的神情，接着说道：显然，常识告诉我们这是不可能的。

　　格雷戈里·瓦普尔斯检察官赢得了陪审团的认可，他乘胜追击，向法庭提交了第二份检方报告。报告指出：经过专家分析，发现梁安迪身上的子弹并非一种，而是三种——一种为实心铜弹，一种为空心铅弹，还有一种是霰弹。这意味着谢大卫用于杀害梁安迪的枪支并非同一支。这一证据表明，谢大卫在真正的案发现场（暂且称之为第一现场）使用一支枪射杀了梁安迪，而在其办公室（暂且称之为第二现场）则

曼哈顿中国城的 18 声枪响

189

使用另一支枪再次向死者开枪，制造了开枪自卫的假象。这难道还不足以揭示事实真相吗？

面对法庭内的一片哗然，格雷戈里·瓦普尔斯检察官恢复了往日的自信，以铿锵有力的声音再次阐述他们的推论："谢大卫并非出于自卫，而是蓄意谋杀。他先在第一现场杀害了梁安迪，随后将尸体转移至其平时不常用的办公室，制造了正当防卫的第二现场。这些推论依据均来自一线巡警和凶杀案组刑警们翔实、具体且无一遗漏的物证、绘图和照片报告。在此，我谨向他们的辛勤工作表示由衷地感谢。"

现场发现的弹头与死者
尸体上的弹头

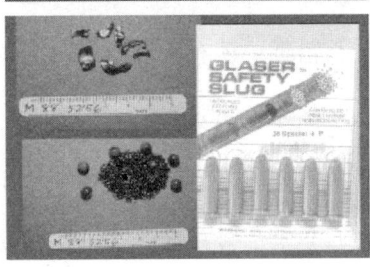

现场发现的霰弹和散开
的弹片

"李家妈妈，是我没把儿子教好。虽然那姓梁的孩子为人'不着调'（方言，指做事不诚实），但自古以来杀人偿命，天经地义。我这白发人送黑发人，恐怕也没几天可活了。只是我们母子俩这一走，留下我那儿媳妇和小孙子孤儿寡母的，以后的日子可怎么过啊？"

在曼哈顿一栋高档住宅楼的大厅里，两位年迈的老妇人面对面站着。说话的老妇人带着些许口音，身着整洁的衣物，脚边放着一个用白布盖着的篮子。尽管她努力保持镇定，但脸上的伤痛和焦虑却难以掩饰。说完，她用一块虽然有些旧但依然干净的手帕，轻轻拭去眼角的泪花。

"谢老夫人，您别太难过了。这几天我一直在关注报纸上的消息，这事真不怪你们家大卫，是那个姓梁的太黑心了。"

被称作李家妈妈的老妇人，身材微胖，面容慈祥，裹着一双小脚。她用一口如皋话安慰着被她称作谢老夫人的老太太。

"哎呀，李家妈妈，您真是菩萨心肠。我们都知道您吃斋念佛，菩萨一定会保佑您的！"带着口音的谢老夫人悄悄向前迈了一小步，双手合十，恳切地说："我们从老家来到这里，人生地不熟的，大卫吃了多少苦啊。好不容易靠做小生意攒下一点家底，有人替我们高兴，但眼红的人也不少。大卫常跟我说，大家都不容易，能帮就帮一把，所以他没少帮助乡亲和朋友。哪想到最后竟摊上这种事。常言道，好死不如赖活着啊。很多人跟我们说，我们家的官司恐怕要拖到最后一刻，除非'李神探'能出手相助。可我们哪里认识李神探呀。我们听说李神探特别孝顺，最听您的话了。于是我们到处打听，得知您就住在这里。正好我有一位同宗在这里当差，我就托他帮忙传话，引荐一下。起初，他也不愿意，怕丢了差事。我来了不下十趟，终于把他给说动了。他说您不轻易出门，我们又不能贸然打扰，就让我在这里等着。今天，也算是菩萨保佑，让我遇到了您。李家妈妈，您行行好，帮我们想想办法，救救我们一家。救人一命胜造七级浮屠，李家妈妈，我替我儿子和孙子给您跪下了。"

"哎呀，可千万不能跪，这万万使不得。"李家妈妈虽然上了年纪，但行动依然灵活，她迅速伸手拉住了正要弯下膝盖的谢老夫人，说道："我就说这几天怎么总有人往我们家送豆腐'千张'（如皋方言，一种薄豆皮样的豆制品），人却始终不露面呢？你看，我们都是上了年纪的人，谁愿意经历白发人送黑发人的痛苦呢？人命关天，走了的人也算是到菩萨跟前交了差。我们现在最要紧的是救活下来的人。你说得对，我儿子非常孝顺，不仅隔三岔五打电话来嘘寒问暖，还经常来看我。我想，他或许早就知道这件事了。既然你来找我，我再跟他好好说说。我不敢给你打包票，但如果你有其他办法，也请一并考虑，我这边会尽力帮忙。"

两位老妇人说到动情处，不禁紧紧拉住了彼此的手。

被称作李家妈妈的老太太继续动情地说："谢家妈妈，你们家这官司不是一两天就能了结的。未来的日子还长，你一定要保重身体。我儿子从事那份工作，我也总是整天提心吊胆地过日子。孩子们有了烦心事，我们做长辈的能帮一把就应该帮一把。"

而此时，时任康涅狄格州警察厅实验室主任、首席犯罪学专家、纽海文大学教授的李昌钰博士对这些情况还一无所知。

两周之后，李昌钰博士去曼哈顿看望母亲，发现母亲神情有点变化，他贴心地问母亲是不是不舒服了？老太太故意板着脸说，人家出了这么大的事，你怎么不帮帮他？李昌钰博士忙问母亲是什么事情。老太太说，在中国城有一个信誉很好的商人，他1971年到美国，每天在餐馆、仓库、商场打3份工，工作20个小时，家里有母亲、有太太、还有孩子……李昌钰博士问母亲，是不是那个豆腐店老板打了18枪的案件？老太太说，是啊！我就说你一定知道，人家妈妈向我求救了。老太太把事情的经过讲了一遍给李昌钰博士听。李昌钰博士仿佛亲眼看到了两位母亲的对话。其实杰克·利特曼律师在接手谢大卫的案子之后，就曾经打过电话到李昌钰博士的办公室，希望请他做辩方的专家证人。李昌钰博士因为自己工作非常忙，加上此案或涉及黑帮或党派争斗就拒绝了。

但该来的终究躲不过，母命难违。李昌钰博士答应了母亲："妈妈，您放心吧，我会去了解一下情况，尽力而为。"

或许是母子间的心灵相通，又或许是谢大卫的母亲回去后将此事告知了谢大卫——李神探的母亲已经答应帮忙请她儿子出面。谢大卫随即将这一消息告知了杰克·利特曼律师。不久，杰克·利特曼律师再次致电康涅狄格州警察厅实验室。这一次，李昌钰博士回复道："好的，你把案件的资料送过来，我看看究竟是怎么回事。"

　　一天后，杰克·利特曼律师与谢大卫一同来到了纽海文大学，见到了李昌钰博士。

六、

山雨欲来风满楼

　　此时此刻，李昌钰博士面对的谢大卫案件，似乎已经陷入了一个看似无法逆转的僵局。

　　如果说第一次得出谢大卫"开枪自卫"这一结论的依据，是基于纽约市曼哈顿中国城巡警和凶杀案组刑警的现场搜证报告，那么推翻这一结论的恰恰也是这些报告。不同的是，最初的报告是由基层巡警和刑事警察完成的，而推翻这一结论的则是曼哈顿高级检察署以及经验更为丰富的检察官和各类专家。他们不仅参考了基层现场报告中的搜证记录，还进行了多种科学验证。

　　例如，谢大卫坚称自己是在受到死者威胁的情况下才开枪自卫的，但有目击证人出庭作证：谢大卫仅仅因为索要 15 美元未果而开枪，导致死者丧命。

此外，现场搜证记录中子弹壳的数量与法医验尸报告中死者体内的子弹头数目不符。

再者，枪械专家鉴定发现，死者体内的子弹来自三种不同型号的枪支，而谢大卫使用的仅是一支手枪。

还有，德福雷斯特博士根据纽约市曼哈顿中国城警方的报告和照片资料中办公室冰箱顶，以及咖啡桌上、报纸上积满的灰尘，鉴定出警察到达的所谓案发现场，实际上是一间闲置多时、被刻意布置成案发现场的空房间。

无论从哪个角度来看，曼哈顿检察署的推论报告都比纽约市曼哈顿中国城警察局的报告更具说服力。

尤其值得注意的是，这起凶杀案中最重要的物证鉴识资料，恰恰来自李昌钰博士昔日的老师。

媒体似乎总是能率先洞察即将发生的事件。

当各大媒体纷纷报道"现代福尔摩斯李昌钰将担任谢大卫枪击案辩方鉴定专家"的消息时，这一新闻引发的舆论热度甚至超过了案件本身。

时年 50 岁的李昌钰博士毕业于中国台湾警官学校，不仅拥有警察背景，还曾在马来西亚担任记者，1965 年移居美国。由于重新选择了学科方向，尽管之前的学历依然有效，但被承认的学分寥寥无几，因此他不得不从头开始学习。1972 年，他进入纽约市立大学约翰·杰伊刑事司法学院深造。三年间，他师从德福雷斯特博士并获得了犯罪学学士学位。随后，他进入纽约大学医学院，师从诺贝尔生化奖得主奥乔亚（Severo Ochoa）教授，先后取得了生化硕士和博士学位。在纽海文大学，他在刑事鉴识学系担任教授，同时兼任康涅狄格州警察厅实验室主任。经他鉴定的物证案件数不胜数，他勘查的案发现场也难以计数。他的独特之处在于，能够极为精准地将案件现场重现于世人眼前。

因此，他被誉为"现场重建之王"。

可以说，他的每一次出现都会引发一场风暴，或者说，他的每一次出现本身就是一场风暴。

然而，这一次，幸运女神似乎并未站在他这边。这会是一场滑铁卢之战，还是又一次为他加冕的神圣时刻？人们纷纷揣测，翘首以待。尤其是他将与昔日的老师在同一领域、同一案件、同一法庭上展示截然不同的物证鉴定结果，这在人们看来，无疑是一场表面平静、实则暗流涌动的科学家之间看不见的较量。

这一次，一场狂风暴雨正等待着他，迎接着他。

七、『现场重建之王』激战法庭

"尽可能详细地告诉我真实情况。"

在康涅狄格州警察厅实验室主任办公室，李昌钰博士放下手中的一叠资料——这些资料包括纽约市曼哈顿中国城巡警与凶杀案刑警绘制的现场图、拍摄的照片，以及几次庭审记录——然后对谢大卫说道。

经过近两年的法庭取证、报告撰写、开庭审理以及舆论的轮番轰炸，此刻谢大卫的心情可谓百感交集。如果能回到过去，他宁愿付出比 3600 美元更多的代价给梁安迪。然而，正如俗话所说，"世上没有后悔药"，世间也总有冤屈难伸的悲剧。事到如今，他已经无路可退。他深知，自己的命运完全寄托在眼前这位与自己一样拥有黑头发、黑眼睛的同胞身上，如果连李昌钰博士都无法还原事实真相，让陪审团相信他开枪是出于自卫，那么这次，或许真的是他命中注定难逃的一劫，真的要含冤了。

当然，谢大卫并非一个普通的市井小民，加上犹太律师的专业指导，他按照李昌钰博士的要求，又一次从头到尾、耐心细致地陈述了那个他已经重复了无数遍的事件经过，生怕遗漏任何一个微小的细节。

在李昌钰博士看来，他需要解决四个极为棘手的问题。

他问谢大卫："那两个目击证人你认识吗？"李昌钰博士的发问颇具深意。他并未质疑证人的真实性，而是直接询问谢大卫是否认识他们。这种提问方式意在让谢大卫感受到李昌钰博士对他的信任，从而缓解其内心的压力。果然，谢大卫的情绪立刻放松了许多，他回答道："那两个所谓的证人其实是'华清帮'的人，应该是警方的'线人'或者'污点证人'。"

对于谢大卫提到的这两点，李昌钰博士自然心知肚明。他曾是一名警察，如今仍在警察系统工作，因此对警方利用线人充当污点证人的惯用手段非常了解。他的目标非常明确，就是要推翻"纽约市曼哈顿中国城地威臣街 7 号楼三楼并非案发现场"这一对谢大卫极为不利的推断，同时也要消除谢大卫因 15 美元枪杀梁安迪的指控。如果不能达成这一目标，即使谢大卫赢得诉讼，也将对其未来的生活产生极为不利的影响。

"你经常去 7 号楼三楼的办公室吗？"

"李博士，虽然我的生意在外人看来越做越大，但我们是从最底层的店小二和打工仔一步步奋斗上来的。无论是豆腐店、餐饮店还是商场，我每天都要亲自检查一遍，哪有时间一直坐在办公室里？但这个办公室我确实经常去。"

"那你最后一次去办公室是什么时候？"

"就是出事的那天上午，后来办公室就被警察局封了。"

"你当天上午去办公室时，记得做了什么事情吗？"

"哎呀，也就是稍微休息一下，看看报纸之类的。你知道中国城每天都有各种各样的店铺开业，也有不少因经营不善而倒闭的，我们都得非常关注。"

"你每天都有看报纸的习惯吗？报纸是谁买的？是你自己在报摊上买吗？"

"不瞒李博士说，我订了报纸，天天看。我以前的几个老板也是天天看报纸的，我跟他们学的。做生意的人，不能像人家说的，眼睛里面只有钱，也要关心时局的变化和社会新闻的，有时候实在太忙来不及看，我会把当天的报纸带回家。"

李昌钰博士的目光落在了照片中咖啡桌上的报纸上，他继续问道："这间办公室是你亲自装修的吗？"

"倒也不是，"谢大卫回答，"是我买的旧楼，我曾经也想过是不是要翻新一下，只是我们这样的人不太讲究，不一定要那么体面，即使我的经营有了盈余，也必须把大部分拿出来投资，做公益事业。所以办公室一直是在用旧的，好多年了。"尽管谢大卫的紧张情绪有所缓解，但他仍感到些许焦急。他迫切希望李昌钰博士能与他商讨如何迅速为其出庭作证，以赢得诉讼。然而，李昌钰博士并未如他所愿，而是再次拿起几张照片仔细审视起来。

李昌钰博士面前摆放着几张照片，其中包括案发现场的照片以及法医进行尸检时梁安迪被子弹击中的照片。他看似不经意地抬起头，向谢大卫发问："你似乎很喜欢枪？我听说你有好几把枪。"

"我确实有持枪证，但办公室里只有一把枪。"

李昌钰博士对谢大卫这样的人颇有好感——聪明且坦诚，不拐弯抹角。听到李昌钰博士的提问，谢大卫立刻意识到对

方接下来想问什么。

谢大卫向李昌钰解释，那把枪是他很久以前购买的，而且很少使用。至于子弹，他说有些是自己买的，也有一些是喜欢枪的朋友赠送的。不过，他确实不记得那天他一共开了多少枪。谢大卫补充道："抽屉里只有那些子弹，如果还有的话，我可能会继续射击。"

沉默片刻后，谢大卫最后说道："那时候，我整个人好像已经失去了控制，变得机械了。"

李昌钰博士和犹太律师杰克·利特曼原来就有过合作，算是老朋友。那天他们在办公室谈了很久，最后李昌钰博士说我需要到现场再进行勘查。杰克·利特曼律师欣然同意，甚至还有一些喜不自禁："我知道这是你的一贯作风，希望你有所发现。"

1991年2月，谢大卫的辩护律师杰克·利特曼收到了李昌钰博士作为辩方专家证人所写的长达三十页的报告，三个月以后在纽约市曼哈顿检察署开庭。

庭审第三天，李昌钰博士作为辩方的专家证人出庭。

随着法官一声"请辩方专家证人李昌钰博士出庭作证"，

法庭内所有人的目光齐刷刷地转向了法庭大门的方向……

经过三天的庭审，控辩双方都竭尽全力为各自的当事人提供了支持己方诉求的材料，使得案件进入了胶着状态。由于事先已知辩方的专家证人是声名显赫的康涅狄格州警察厅法医实验室主任，主审法官、控方检察官团队、辩方律师团队以及陪审团都格外专注。双方你来我往的举证与辩论高潮迭起。尽管大家都知道李昌钰博士此次是作为辩方证人出庭，但没人知道他将呈交怎样的报告，因为谢大卫的辩方律师团队一直有意保守着这个秘密。

当李昌钰博士步入法庭时，若有人稍加留意，便会发现法庭上有一个人的表情格外特别。他既没有像控方团队那样开始紧张，也没有像辩方团队那样明显放松。他似乎在等待一个学生提交作业，又像是在准备聆听同仁的工作汇报。他就是控方鉴识专家李昌钰博士的老师——彼得·德福雷斯特博士。

长江后浪推前浪，日益健全的美国法律制度和开放的社会环境，为所有学有所成的学生提供了机会，让他们不仅能够在学术上追赶老师，更敢于超越老师。

如果一个社会、一个时代，学生们不敢甚至不能超越老师，

年轻一代只能唯唯诺诺地跟在老一代后面裹足不前，那便标志着这个社会的文明停滞不前了。

或许，自己的学生能作出比自己更高的成就，就是一名教师所能获得的至高无上的荣誉吧。

李昌钰博士在获得学位后，一直以公职人员的身份从事工作，通常作为控方的专家证人在法庭上作证。然而，今天他将代表辩方出庭，这一消息引发了法庭旁听申请数量的激增，尤其是媒体，几乎蜂拥而至，甚至一些院校也申请组织学生前来旁听学习。经过慎重考虑，法庭放宽了旁听限制，因此今天不仅旁听席人满为患，连过道上都挤满了媒体记者、华人社团代表、犯罪学院以及法学院的学生。

被告席上的谢大卫满怀希望地注视着法庭的大门。

纽约检察署对谢大卫的指控包括一级谋杀（蓄意谋杀）和二级谋杀（意图谋杀）。在法庭完成必要的程序后，李昌钰博士开始陈述他的证词。

"我认为控方将案发现场认定为此次案件的第二案发现场是不成立的。我亲自勘查了案发现场，尽管现场地毯上的死者血迹部分和报纸已被纽约市刑警队作为证物收走，但现场照片依然保留。我与控方检察官一样，对在第一线工作的巡警和凶杀案组刑警们的辛勤细致工作表示由衷的敬意。正是他们的努力，为我的物证鉴定提供了宝贵资料。

"首先，纽约市曼哈顿中国城地威臣街 7 号楼三楼大兴公司办公室，即本案案发现场的冰箱顶和咖啡桌上的灰尘，并非普通的日常灰尘。我的实验室对从案发现场冰箱顶、咖啡桌以及办公桌上取回的'灰尘'进行了鉴定，发现它们并非普通灰尘，而是房屋吊顶上的'阻燃石棉'碎屑。

"这些'阻燃石棉'碎屑的来源是什么呢？由于案发现场是一幢老旧的楼房，谢大卫连续开枪后，天花板的'阻燃石棉'碎屑被震落到冰箱顶、咖啡桌以及办公桌上。这是实验室的比对报告，我们甚至找到了这些'阻燃石棉'标样的生产型号。"

李昌钰博士通过律师将第一份物证鉴定报告呈交给了法官。

这一天，纽约警察局的巡警、凶杀案组的刑警们也到了法庭。李昌钰的第一份物证报告，让他们喜形于色。

而震惊、意外，甚至有些沮丧，是控方团队人员脸上统一的表情。

"你怎么知道这些'石棉碎屑'不是楼里其他办公室装修飘进来的呢？"控方检察官是唯一保持镇静的人。

"实验比对报告说明，这些'石棉碎屑'标样的型号是二十年前生产的，同时这一间办公室没有窗户。"李昌钰博士说着，又通过律师将几份报告呈上法庭，又和颜悦色地对控方检察官说："这间办公室很小，门虽然不太结实，但即使楼道里有装修灰尘飘进来，也是近几年生产的'阻燃石棉'碎屑，而且它们只会在门缝周围，而不是冰箱顶、咖啡桌和桌上的报纸上。"

李昌钰博士呈上了第二份物证鉴定报告。他的话在法庭上引起了一阵窃窃私语的议论。

被告席上的谢大卫兴奋地将手捏成了拳头抬了起来，但他看了看法官，又轻轻地放下了。

法官审核了李昌钰博士的专家证人报告，抬头确认了控方没有人再要求发言以后，示意李昌钰博士可以继续他的第三部分专家证词。

李昌钰博士向法庭内所有人介绍了现场重建的结果：

案发现场共发现 18 颗子弹，这与刑警在现场搜集到的弹壳数量一致。这 18 颗子弹中，有的穿透了死者身体并嵌入了地毯，有的则穿过地毯射进了下方的木地板。还有几颗子弹因未穿透身体而留在了死者体内。此外，死者尸体的 X 光片显示有许多细小的颗粒，经化验比对，这些颗粒正是霰弹枪弹药。这种子弹的特点是速度较快，但穿透力不强，击中物体后会散开，通常用于猎杀蛇或野兽等，而非杀人。这一发现解释了控方关于"死者并非被同一支枪杀害"的说法，同时也排除了"华清帮"在街头"火并"后将尸体移至现场并补枪的推测。需要注意的是，稍有枪械常识的人都知道，只要子弹口径与枪支匹配，不同种类的子弹就可以从同一把枪中发射出去。

李昌钰博士的专家证词可谓字字珠玑，既无赘言，也无遗漏。

当李昌钰博士的证词结束后，所有人的目光再次聚焦在控方席上。检察官缓缓起身，对李昌钰博士表达了极大的尊重，但随后以两位目击证人的证词为依据提出：谢大卫枪杀梁安迪并非因为梁安迪持枪威胁，而是在谢大卫的办公室中，梁安迪拒绝道歉，导致两人发生争执并打斗。谢大卫连开 18 枪，冷血地杀害了梁安迪。

检察官采用以退为进的策略，颇具策略性。这种推论若被陪审团接受，则意味着谢大卫是在打斗中射杀的梁安迪，换言之，即为互殴，而非因生命受到威胁而采取的自卫行为。

　　在主审法官向辩方团队发问"你们对控方的推论有何回应"之后，李昌钰博士起身回应："关于这个问题，曼哈顿检察官办公室在请他们的专家仔细研读并分析了我的报告后，曾向我提出过类似的推论，而我也已在另一份报告中给予了答复。但今天，我愿意当着陪审团、所有旁听者，特别是媒体的面，再次重申我的观点。"

　　"如果仅凭照片来判断，确实只能得出与控方相同的推断结果。"

　　李昌钰博士向控方席上的所有专家证人，尤其是检察官和自己的老师微笑点头示意，仿佛在说："你们的观点完全正确。"然而，就在控方席上的人尚未从李昌钰博士的微笑中回过神来时，他话锋一转，阐述了下述证词：

　　"仅凭现场照片，无法准确判断案发时枪手与死者之间的距离。但我们在现场测量了两人之间的距离，隔着桌子为3到6英尺，而实验室分析得出的死者中枪距离正好符合这一尺寸。此外，对死者衣服的检验也未发现任何火药残余物。如果按照控方的说法，尸体被抬回办公室地毯上补枪，那么距离应该比3英尺更近，死者衣服上也应该有火药残余物。同样，如果是在两人的打斗中，其中一人近距离开枪，距离也应该比 3 英尺更近，且衣服上会有大量火药残余物。"

李昌钰博士完成证词后，辩方随即向法庭申请五位来自"华清帮"的证人出庭作证。

证人在庭上表示，谢大卫是一位信誉良好的商人，广受社会赞誉，且并非"华清帮"成员。相反，每位证人都指出梁安迪因吸毒问题经常在外敲诈勒索，其行为并不代表"华清帮"。此外，"华清帮"设有工会，梁安迪的行为已违反工会规定。关于 1988 年 6 月 9 日下午与谢大卫发生的事件，"华清帮"代表明确表示，此事系梁安迪个人敲诈行为所致，与"华清帮"无关。

上午的庭审结束后，已有记者离开法庭，赶去向报社抢先报道。

由于纽约曼哈顿检察署正在审理谢大卫的案件，因此陪审团成员均为白人。

下午庭审继续进行，检察官首先向李昌钰博士发问。此刻的法庭仿佛变成了两人之间的一场激烈交锋。

"您指出案发现场的灰尘是'石棉碎屑'，是由于天花板受到震动而掉落的结果，我尊重贵实验室的化验结论。"检察官以肯定的语气开场，这句话让法庭一片哗然。

"但您如何解释这个办公室是谢大卫日常办公的地方呢？您看，报纸已经放在那里很长时间了，上面布满了灰尘。"检察官的第二句话令法庭瞬间鸦雀无声，所有人的目光立刻转向李昌钰博士。

李昌钰博士似乎早已预料到这一刻。他拿出那把跟随他多年、同样广为人知的放大镜，仔细观察照片后说道："这张报纸恰恰证明了案发时间，这是一份当天的《世界日报》，报头下方明确标注了日期。"检察官惊讶地问："您怎么知道？"李昌钰缓缓收起放大镜，回答道："请检察官不要忘记我是中国人，这是一份中文报纸，而我会读中文。"

辩护律师见状立即申请派调查员前往中国城报社，取来一份案发当天的（1988 年 6 月 9 日）《世界日报》。随后，将这份报纸与检察官用于举证的报纸照片一并交给陪审团传阅。尽管陪审员们都是外国人，看不懂中文，但报纸上当天刊登了一则糕饼店的开幕广告："欢迎大家尝试喜饼"，喜饼配有图片和文字。陪审员们发现，同样的广告、同样的照片，出现在同样的位置，因此他们立刻明白，两份报纸完全一致。

"但是 18 枪怎么解释？就算是 6 英尺距离，也是一枪就使人丧命了，有必要开18枪吗？我怀疑他是蓄意谋杀。"检察官仍然顽强地坚持着自己的推论。

"我认为当时的谢大卫已经处于极度紧张的状态，整个人完全失去了控制。在这种情况下，装换子弹和射击更像是恐慌至极时的机械性、惯性动作。"李昌钰博士向法官点头示意后，转向陪审团，提出了一个问题："假如你正和家人在后院烤肉、野餐，你的孩子在草地上玩耍，你的母亲坐在椅子上，突然从草丛中窜出一条蛇，而你的身边恰好有一把圆锹，你一定会本能地拿起圆锹去打蛇。你第一锹就把蛇铲成了两段，但你是否会就此停下动作，放下圆锹呢？你一定会继续打那条蛇，直到筋疲力尽为止。"

李昌钰博士面对陪审团，一一询问："你会停下吗？你会置你的孩子和母亲的安全于不顾，不担心蛇会继续伤害你的家人而心生怜悯，因为可怜那条蛇而放下圆锹吗？"

陪审团成员纷纷摇头，甚至旁听席上的人也摇头表示否定。检察官对此非常愤怒，质问李昌钰为何直接与陪审团对话。法官则表示，李昌钰博士解释问题给陪审团听是完全合理、合法的。李昌钰博士听了法官和检察官的对话后，转过脸，用一种提问的表情看着所有人，仿佛在向法庭内的每一

个人发问："你们会停下吗？"几乎所有在场的人都轻轻地摇头，甚至有人做出了继续拍打的动作。

这一灵魂之问，最终成为许多法学院的经典教案：人终究是人，而非机器。当一个人在极度恐慌的情况下，所有做出的举动，是事后无法解释的。

李昌钰博士作证后，辩方迅速请来一位心理医生，从医学角度为机械性、惯性动作提供了书面资料，并提交给了陪审团。心理医生的解释与李昌钰博士的法庭证词几乎如出一辙：人在精神失控的情况下，常常会做出一些无法自控的行为。因此，谢大卫连开18枪，完全是出于恐慌心理下的自卫行为。

庭审进入第6天，终于迎来了陪审团投票阶段。

美国陪审团制度规定，陪审团通常由12名陪审员和4名预备陪审员组成。在庭审期间，陪审员和预备陪审员均需出席听审。然而，在最终投票阶段，预备陪审员不参与投票，除非出现以下情况：检方或辩方发现陪审团成员存在违规行为，例如在未经允许的情况下讨论案件，或受到媒体、嫌疑人影响，或因生病、有重要事务无法参加投票，此时预备陪审员才可取代其资格。陪审团制度还规定：被起诉人有罪或无罪的裁决，必须由陪审团 12 名成员一致投票赞成或反对才有效。

第一轮，12 位陪审员对谢大卫是否犯下一级谋杀罪进行讨论并裁决。最终投票结果显示：12 位陪审员一致赞成谢大卫无罪。

对于陪审团这一裁决结果，所有参加庭审的人员，包括旁听者甚至控方团队都并不感到意外。毕竟，辩方拥有强大的律师和专家团队，特别是李昌钰博士的专家证词，使得整个辩护过程在专业技术性和逻辑推理性方面都无可挑剔，与事实高度吻合。即便是像格雷戈里·瓦普尔斯这样顶级的专业检察官也心服口服。

第二轮，12 位陪审员对谢大卫是否犯下二级谋杀罪进行讨论并裁决。

在这轮陪审员的讨论中，表面看似平静的法庭，实则暗流涌动，各方怀着不同的期待。首先是控方团队，特别是检察官格雷戈里·瓦普尔斯，他们对谢大卫一级谋杀罪名不成立早有心理准备。在法庭等待陪审团讨论结果期间，控方团队向辩方团队表达了祝贺，尤其是对李昌钰博士表示了由衷的敬意。他们甚至询问能否留下联系方式，希望未来有合作的机会。在检察官心中，对于谢大卫二级谋杀罪的成立信心十足。毕竟，他代理的案件（纽约地铁杀人案除外）几乎都以胜诉而告终。尽管他曾希望谢大卫谋杀案能为他挽回失去的荣誉，但偏偏遇到了李昌钰博士这样的强劲对手。然而，对于二级谋杀罪的裁决，他坚信毫无悬念。

检察官格雷戈里·瓦普尔斯认为，谢大卫开了18枪的事实是不容忽视的证据。

对于辩方团队而言，经过三年的努力，尤其是成功邀请到李昌钰作为他们的物证鉴定专家证人，他们认为这是一场无可挑剔的辩护，并希望能够取得全面胜利。尤其是谢大卫，事后有人问他一生中最难熬、最漫长的时刻是什么时候，他回答说，是1991年7月5日，在曼哈顿最高法院的法庭上等待陪审团第二次投票结果的那段时间，他仿佛经历了一段黑暗、漫长且煎熬的人生。

也有人事后问过李昌钰博士，对于谢大卫二级谋杀罪的裁决，当时有何预判。他总是笑着回答说，作为一个物证鉴识科学家，他认真鉴定了物证并诚实地提交给法庭，就已经完成了自己的工作。影响判决的因素很多，他不是最终的裁决者，也从不做任何预判。

李昌钰博士模拟现场
弹道

填满子弹的左轮手枪

谢大卫办公室当天
的报纸位置

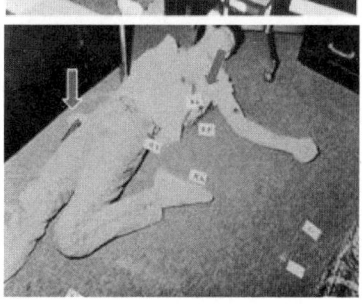

现场照片

曼哈顿中国城的 18 声枪响

第二轮投票中，12 位陪审员中有 11 位投了谢大卫无罪的赞成票，而唯一投反对票的陪审员表示，他赞成谢大卫的行为属于正当防卫，梁安迪也确实该死，但谢大卫开了 18 枪实在太多，太残忍了。其他陪审员则指出，李博士的证词表明谢大卫没有作假证，而他恰好有 18 发子弹。如果假设他是谋杀，他并不需要用完 18 发子弹，1 发或 17 发也足够了。

最终，第二轮投票结果为全体赞成谢大卫无罪。

经过三天庭审，陪审团首席陪审员向法官报告：陪审团已达成一致意见，谢大卫被控二级谋杀罪名不成立。谢大卫被宣判无罪。

这场历时三年的案件终于画上了句号。随着法庭宣布陪审团对谢大卫的无罪裁决，他的亲属与好友、旁听席上的众人以及辩方律师团队都为他欢呼庆祝。就连控方律师团队，包括李昌钰的老师以及法官，都流露出如释重负的欣慰神情。

"砰！砰！砰！……"

这一次不是枪声，而是纽约市曼哈顿中国城庆祝谢大卫无罪开释的鞭炮声。

三年漫长的诉讼，让谢大卫的生活笼罩在一种难以言喻的阴影中。虽然远在异国的中国城，这里的人们依然保留着与家乡相似的习俗：若有人从监狱或法庭判决后回家，亲友们总会以燃放鞭炮的方式为之驱散晦气。

锣鼓喧天中，唐人街的几家武馆的狮子队轮番上阵，精彩纷呈。随后，舞龙队蜿蜒而至，用灵动的翻腾与旋转，显示出唐人街商会代表们内心的喜悦。这一天，谢大卫名下的店铺破天荒地在日落前就关了门。他与母亲、妻子、孩子一起，向前来祝贺的乡亲、朋友以及警察们一一道谢。

辩护团队的律师、专家、证人以及各大媒体的代表都受邀参加了唐人街的庆祝活动。他们受到了唐人街商户们前所未有的热烈欢迎和诚挚感谢。

中国城当晚的庆祝活动，所有人都邀请了李昌钰博士参加。然而，由于他需要返回康涅狄格州处理工作事务，未能出席。但他始终没有忘记一件事，那就是在临行前向母亲汇报，他完成了老太太的心愿。

李昌钰对母亲说："妈妈，我已经为谢大卫出庭辩护了，他现在没事了。"

自从儿子以辩方专家证人的身份参与案件以来，李昌钰博士的母亲也时刻关注着案件的进展，她自然也得知了谢大卫无罪释放的消息。

李家妈妈欣喜地看着儿子，笑着打趣道："那你跟谢大卫的妈妈说，别再给我们送豆腐了。案件一天没有裁决，妈妈也不好意思不收人家的豆腐。虽然不值多少钱，但那可是人家的心意。我们收了，人家就知道我们愿意帮忙，心里也就踏实了。可是这豆腐再好，也不能天天吃啊。"老太太的一番话引得全家人都开怀大笑。作为中国人，能在关键时刻为自己的同胞出一份力，李昌钰博士的内心和母亲一样感到欣慰。

在谢大卫的案件中，李昌钰博士以物证鉴识专家的身份在法庭上发表的精彩"打蛇论"证词，随着案件胜诉而广为流传。此后，这段证词不仅被法学院、犯罪学院采用，更被其他院校的相关课程采用，特别是作为庭辩阶段的经典案例进行教学。

谢大卫案件的影响力远远超出了案件本身。

该案件引发的原因、长达三年的诉讼过程、庭审以及最终的判决结果，引起了美国政府相关部门和官员的高度重视。

美国是一个移民社会，族裔之间的团结不仅是为了改善生活，也是为了建设国家的需要。然而，各帮派之间的暴力冲突严重违背了以文明为基础的国家法律宗旨。经过多次经验教训，联邦政府执法机关开始采取新的策略，逐渐渗透进入帮派内部，掌控权力，从而引导帮派走向正轨或予以彻底铲除。

拥有百年历史的"华清帮"，主要由华人组成。随着时代的变迁，该组织逐渐背离了建邦初期的"互相帮助"宗旨，其势力范围不仅遍布美国和加拿大的华人社区，而且恶名远扬。谢大卫案件之后，"华清帮"被执法部门列为重点打击对象，经过数年的努力，最终销声匿迹。

这也是谢大卫案件给社会带来的重要影响之一。

谢大卫的案件结束后，有人问李昌钰博士是否会为这场彻底的胜诉感到高兴。李昌钰博士沉默片刻后，以一种悲天悯人的语气说道："如果可以，我希望没有人会死去，更不愿看到华人之间因为争斗而有人失去生命，有人在法庭上耗费了三年光阴，不得安宁。我真心希望这个世界每个人都能平平安安，这样我也能有更多时间投入科学研究中。"

的确，人们来到这个世界上，终究是为了追求平安、快乐和美好的生活。

2024 年 12 月 26 日初稿

2024 年 12 月 28 日定稿于美国夏威夷